BLACK SWAN | 黑天鹅

为 人 生 提 供 领 跑 世 界 的 力 量

BLACK SWAN

# 慢慢来，一切都来得及

meiya 作品

中国商业出版社

**图书在版编目（CIP）数据**

慢慢来，一切都来得及 / meiya著. —北京：中国商业出版社，2012.11

ISBN 978-7-5044-7930-3

Ⅰ.①慢… Ⅱ.①m… Ⅲ.①人生哲学－青年读物 Ⅳ.①B821-49

中国版本图书馆CIP数据核字（2012）第261944号

责任编辑：王彦

中国商业出版社出版发行

010-63033100 www.c-cbook.com

（100053 北京广安门内报国寺1号）

新华书店总店北京发行所经销

北京慧美印刷有限公司

* * * * *

880毫米×1230毫米 1/32开 8印张 170千字

2012年12月第1版 2014年9月第12次印刷

定价：29.80元

* * * * *

（如有印装质量问题可更换）

因为有你关注的目光，我才得以不断前进。

# 目录

## 第一章　梦，要实现



## 第二章　痛，要转换

## 第三章　病，要疗愈



## 第四章　爱，要学习

慢慢来，
一切都来得及

# Part 1

## 梦，要实现

# 慢慢来，一切都来得及

## 人人都怕来不及

上周我的情绪一直很低落，除了情绪低落还伴随着持续的焦虑，因为我感觉到很多事情都来不及去做，焦虑自己工作上的项目大半个月都没有进展，焦虑自己英语口语半年都学不好，焦虑自己来不及去实现心中的梦想。也许受张爱玲那句“成名要趁早”的毒害，我渴望早一些赚够钱为父亲买一所乡下的房子，我渴望早一点实现自己的旅行梦想，我渴望在自己相对年轻的时候过上舒适的日子，如果这些事都没有在我预计的时间内完成，我就感觉自己是个失败者。我心里急火火的，对时间的焦虑折磨着我，我要求自己马不停蹄地努力，发现自己的努力并没有明显的成效，我感到很迷茫。

“假如人能活 100 年，其中睡眠占用 30 年，吃饭占用 10 年，穿衣梳洗打扮占 7 年，走路旅游堵车占 7 年，打电话占 1 年半，打电话没人接占 1 年零 10 个月……擤鼻涕 10 天，剪指甲 15 天，意淫 8 天，最后剩余时间为 10 年。

10年你能干什么呢？”每当看到类似这样的文章，我都忍不住焦虑，我怕来不及去做自己想做的事，我怕来不及去实现自己的梦想，我怕来不及拥有我渴望得到的。

其实，人的所有焦虑都来自这个“来不及”。来不及弄清楚自己想要什么，双鬓已经开始发白了；来不及确定自己的爱情，对方就已经结婚了；来不及去好好爱孩子，他就已经长大离开你了；来不及功成名就，我们就即将进坟墓了。我们害怕一切来不及。

就在我害怕来不及的时候，陆陆续续收到几位豆友发来的邮件，有的迫于现实的压力做着自己不喜欢的工作，问我该怎么办？有的问我怎么找到自己的兴趣爱好？有的说在自己所谓的“不靠谱”的尝试失败之后做着父母安排的无所事事的工作，感到很迷茫，问我如何追寻自我之路？有的问我当一个广告文案需要什么能力和素质？有的在父母的要求下一而再再而三地去相亲，身心疲惫，问我怎么办？有的甚至在念大二却感觉自己是个失败者，一天到晚得过且过，不知道自己要什么，问我如何规划人生？还有的才20岁却很苦恼自己的婚事，一心想嫁个有钱人，过上舒适的生活。

原来大家都一样迷茫，原来大家都一样焦虑，原来大家都怕来不及，原来大家都不知道自己要什么……

我开始问自己，如果我没有在半年内学好英语口语，我的生活就会变得一团糟吗？如果我一辈子也没有实现自己的梦想，我的人生会不幸吗？答案都是否定的。因为我知道自己每一天都在认真地生活着，因为我正努力一步步朝着梦想迈进，因此每一天过得还算充实和快乐。这样一想我就不再焦虑了。我又问自己，如果给自己两年的时间去学习英语口语，慢慢来，给自己20年的时间去实现梦想，慢慢来，可以吗？答案是可以。我顿时整个人放松下来，当我允许自己慢慢来时，忽然感觉那种轻装上阵，脚踏实地的坚实力量又回到了自己的身上。

因为这个社会太浮躁了，节奏太快，诱惑太多，很容易迷失自己，我们需要时常问问自己，一切是不是真的来不及？慢慢来可以吗？允许自己慢慢来才能脚踏实地重新上路。

周末和闺密见面吃饭，两个人有近三个月未见，年后她决定辞了上海的工作，回到家乡和家人、男朋友在一起生活。

我问，你对于新的生活害怕吗？

她说，怎么不怕，简直是怕得要死啊。

我说，你总结下自己的 2011 年吧。

她说，还清了家里的债务，一身轻松；谈了恋爱，很甜蜜；还考了会计上岗证。

我说，你看，你成长了，真的可以不用害怕了。我相信，你会生活得越来越好的。

她想了想，点头说，嗯，没什么好怕的，最害怕的日子已经过去了。

起初，我们总是会害怕，害怕不能得到自己渴望的物质生活，害怕遇不到那个好好爱自己的人，害怕失去青春也换不回事业上的进步，害怕自己会做下一个个让自己悔恨的决定，也害怕丢失了自己内心的本质与单纯，时常会悔恨自己做过的一些事情。可是这一路我们就这样，踩着自己的害怕和悔恨走来，渐渐地，我们在害怕中一点点学习、成长、充实，日益强大，对当初做下的决定释然，最终迎接另一种不惧怕未来的自己。其实每一个人都是这样走过来的，从害怕到不害怕，从悔恨到释然。也许不害怕不后悔应该作为我们的人生格言。

## 迷茫没有什么大不了

你问我迷茫怎么办？我只能回答，你要接受自己的迷茫。因为只有先接受现状，你才能改变现状。就像我爬珠峰的时候，产生高原反应能怎么办？我只能接受自己高原反应，告诉自己，其实高原反应没有什么大不了的，这是非常正常的现象，然后自己去一点点适应环境，直到高原反应消失。

你也要告诉自己，其实迷茫没有什么大不了的。

有朋友问我，你会一直待在上海吗？我会回答不知道，因为我觉得未来是迷茫的，未来的事情也是难以预料的。我对生活一直怀有很多困惑，我觉得正是这些困惑推动着我不断去思考、去努力、去前进。

现代社会变化如此迅速，上个月和朋友吃饭的地方现在正在修地铁；明明上周这里是一家服装店，这一周就改成沙县小吃了；长了几十年的梧桐树有可能忽然一夜之间就被移植走了……古语有云："三十而立，四十不惑。"面对变化如此迅猛的社会，困惑应该会更多，困惑持续的时间也会更长，到 50 岁的时候还困惑也是正常的。我老爸现在就对这个网络售票的事情感到非常困惑和不解。在这个时代，你要对自己宽容一点，允许自己迷茫，允许自己困惑，允许自己慢慢来。

## 做你所爱的事，爱你所做的事

你问我不知道自己想要什么，怎么办？我会告诉你，那你赶紧去找啊。在 20 岁出头的年纪，不知道自己想要什么是一件极其正常的事情，也是一件幸运的事情，因为当你有了困惑之后，你才会思考，才会一步步地寻找自己想要的东西。

年轻的时候不知道自己想要什么，真的没有关系，你不必太过焦虑，但是你需要了解自己对什么感兴趣，愿意把时间投入在哪一方面。当我问一个人，你喜欢什么或者你对什么感兴趣的时候，我最害怕听到“不知道”的回答。如果你连自己对什么感兴趣都不知道，那确实有点儿可怕，一个人对自己连基本的了解和认识都没有，如何认识人生和世界。我相信很多人虽然不能明确自己的心中热爱，但都会隐约知道自己对什么感兴趣。

找到自己喜欢做的事情，知道自己热爱什么确实非常重要。我记得乔布斯在斯坦福大学的毕业典礼上的演讲有这样一段话：

“有时候，生活会用板砖砸你的头。一定不要失去信仰。我知道，唯一支撑我前进的东西就是：我爱我所做的事。你必须找到你所爱的东西。这句话不仅适用于你的工作也同样适用于你的恋爱。”

“你的工作将构成你生活的大部分，而唯一能让你真正从工作中得到满足的办法就是爱你所做的事。假如你还没有找到它，那就继续找吧。不要停下脚步。同所有与心灵相关的东西一样，当你找到它时，你会知道的。而且就像那些美好的爱情一样，它会随着岁月的增长而更加醇美。”

如果你真的没有发现自己喜欢的事情，那请不要放过任何尝试的机会，你可以接受各种挑战，尝试去做各种事情，不要拿自己太当回事了，丢弃那虚妄的自尊，不要怕出丑不要怕失败，你甚至要允许自己经常失败，给你面对失败的经验，给自己不断重新再来的勇气，你要做的就是积极地尝试，直到找到自己内心真正的热爱，找到自己愿意为之努力的梦想。要给自己时间，让自己慢慢来，给自己面对失败的勇气和对梦想持续的热情，因为最难的事情不是面对失败，而是面对一而再再而三的失败还能永葆热情。

## 人生没有规划

你问我如何规划自己的人生？我只能回答不知道。以前我对“职业规划”“人生规划”之类的东西很迷信，觉得越早规划好自己的人生道路，离成功就越近。后来生活阅历增多，自己也渐渐有了一些独立思考的能力，我才发现“人生规划”完全是扯淡，人生是难以规划的，人生从来就不是规划出来的。

孙悟空从石头里蹦出来的时候还不会72变，也不知道自己会成为一个叫“唐僧”的和尚的大徒弟，并跟一头猪去西天取经；诸葛孔明在刘备三顾茅庐的时候也不知道自己会在军事史上书写下“赤壁之战”这样牛逼哄哄以少胜多的战役；乔布斯从只念了半年的里德学院退学的时候也一定不知道他会成为一个叫iPhone的手机品牌的缔造者，也绝对预测不到他逝世的时候，全球各大网站会在页面上写着“Steve Jobs 1955—2011”以此来缅怀他。

冯唐也许从来没想过自己会成为麦肯锡公司全球副董事合伙人，同时还是一个出了好几本书的作家，他年轻时是个诗人、文艺青年，后来读了妇科博士，再后来进了咨询公司，现在又做了实业。他想写小说就去写，想开公司就去开，一路都在做自己想做的事情。蔡骏也许从来没有想过自己会成为中国悬疑小说作家第一人吧，他当初只是一边上着自己的班，一边在“榕树下”一下一下地敲击键盘。老罗也许从来没有想过自己会成为教英语的老师，还和西门子打了一场旷日持久的维权之战吧。一年半以前我不知道自己会在海拔5200米的珠穆朗玛峰脚下徒步四公里还心跳正常，呼吸平稳；也不知道自己能持续跑步70分钟，跑完10公里，不仅没累死还有跑步快感；更不知道自己在一个叫“豆瓣”的地方写文字，然后有3万多个豆友关注我；我只是做自己喜欢做的事情，去自己想去的地方，一步步地跑，一字字地写（请原谅我不要脸地把自己和冯唐、蔡骏、老罗并列）。

人生从来不是规划出来的，而是一步步走出来的。找到自己喜欢的事情，每天做那么一点点，时间一长，你就会看到自己的成长。

## 就算吃不起最贵的PAUL，也吃得起85℃

你说你想嫁个有钱人，我只会说你去嫁吧，只要你能把自己嫁出去。你以为嫁个有钱人就会幸福，那你就去试试吧。你试过了才会知道有钱人的生活是怎样的，是不是如你想象的那般奢华美好？是不是你自己想要的那种生活？对于很多像我一样缺乏独立思考能力，又不懂得借鉴他人历史教训的人，只有亲身经历过，才能知道自己想要什么样的生活，就算不知道自己到底想要的是怎样的生活，也至少能明白自己不想要怎样的生活。你以为嫁个有钱人就能感到幸福吗？其实，你认为的幸福不过是那些时尚杂志、影视娱乐、社会习俗给你定的幸福标准，你从来就没有思考过自己真正想要的是什么。

其实，你想嫁个有钱人无非就是为了不用自己奋斗就能过上衣食无忧的好日子，但是你真的能够心安理得地享受这样的好日子吗？这些好日子既然是别人给你的，那么别人也随时可以拿走，到时候你何以立足？如果你真的嫁入豪门，却整天提心吊胆地害怕失去这样优裕的生活，你的内心也一定没有安全感，一定不快乐，那这样的日子是好日子吗？我坚信只有自己让自己过上好日子，那才是真正的好日子。

姑娘你要相信，在现在这个只要肯付出努力就不会饿死的社会，单单依靠自己，你既会有爱情，也会有面包。就算吃不起最贵的 PAUL 的面包，也吃得起 85℃的面包。

## 是什么捆绑了你的人生？

今天和一个朋友通了电话，她说 2012 年要让老板给自己加薪，其实她刚跳到新公司 3 个月；她要结婚，因为她已经 27 岁了，而且男朋友还算有钱，可是她和这个男朋友刚恋爱还不到一个月，也许都没上过两次床；她还要学开车、学习法语。可是她又说她并不喜欢学习这些，真正喜欢的是养宠物，因为这是当今社会的生存技能，所以她才要学会。我当时就问，姑娘你累不累啊？

我们成长的过程是不断被教育、被规划，不断接受外界赋予标准的过程，时尚杂志、传媒资讯、社会习俗给你列出各种各样的幸福标准，你费尽心思踮起脚尖去靠近这个标准，你把自己框在一个标准的正方形里，上边的边框是你要学业有成，进入名牌大学；下边的边框是能多赚钱，买房买车；左边的边框是30岁之前要结婚，女的最好嫁个有钱人，男的最好娶个漂亮媳妇，还要婚姻幸福；右边的边框是有一份高收入又稳定的工作，一辈子衣食无忧。你以为这样自己就有了安全感，你以为这样的人生就是幸福完美的人生，但这却不是真的，我看到很多有房有车的已婚人士并不幸福，他们把自己框在这个框里，只感到更大的困惑，他们往往会发现自己一直在追求的并不是自己真正想要的，他们没有对自我思考过，没有独立想过自己要过怎样的生活。

其实，每一个人的人生都是两点一线，向死而生的过程，你渴望的安全感无非就是希望这两点一线走得平顺一点，少一点曲折，少一点弯路而已。人生本来就是一段旅程，目的地都是一样——死亡。有的人旅程充满五颜六色变幻万千的风景，有的人旅程只是一成不变的索然无味，你想成为哪一种人？

有个年纪大的长辈和我说，如果有机会，年轻人30岁左右出国留学都不会太晚，重要的是去经历生活，体验生命。我非常同意他的说法，但是现实中我听到很多人会说，你都30岁了还出国留学，太不靠谱啦，等念完书，年纪都多大了，结婚、生孩子、找工作的年龄也相应往后延，这样你的人生很痛苦之类的……

为什么你的思维会如此僵硬？是什么桎梏了你的思维，捆绑了你的人生？在这个资讯泛滥，每一秒钟都有新微博的时代，独立思考比其他任何东西都要来得重要。

我一直想不明白，怎么有这么多人这样算计人生呢？人生真的不是算计出来的。有人说：“只有一次的生命，需要活得真性情一点。”真性情就是你不要压抑自己的需求，你要听从自己内心的声音，过自己想要的生活。也许我在念书的时候就结婚生孩子呢？就算念完书，年纪大了再结婚生子又怎样呢？就算我一辈子不结婚生孩子又怎样呢？难道就不会幸福吗？你的生活是需要别人对你说“好”你才会觉得好吗？你的安全感是来自符合社会习俗制定的标准吗？你的幸福感是建立在别人对你的生活投以羡慕嫉妒的目光上的吗？真正的强者是能在人生的旅途中蜕变为只对自己心声负责的达人。

世上本没有安全感，想的人多了，就有了虚假的伪安全感。尤其是女人，很容易被各种伪安全迷得神魂颠倒，我们大多数时候对事物的认识建立在外部资讯和各种广告上，缺乏独立思考和判断的能力，这样容易习惯性地给自己贴上各种各样伪安全的标签：有了房子就有安全感，有了钱就有安全感，有一份稳定的工作就有安全感，找个老实木讷听自己话的男朋友就有安全感，结了婚就有安全感，有了孩子就有安全感……

可是，真正的安全感不是来自外部物质的赋予，而是来自内心的平静和充盈，来自对自我的自信和对人生的笃定。可是要获得这些都需要人生经历的慢慢累积，需要吃过生活的苦头，经历过许多事，见识过很多人，还要有自己的修养和悟性，才能做到平和冲淡，不忧不惧。所以，亲爱的朋友，不要着急，慢慢来，你会有安全感的。

## 慢慢来，一切都来得及

那些早早找到自己的人生梦想，遵循天命的人，固然很幸运；

但是，那些还没有找到自己应该走的道路的人也不必感到万分痛苦，因为一切都还来得及，你要给自己慢慢来的机会。我们乡下的老人常常告诫年轻人的一句话：饭要一口口地吃，路要一步步地走。

不管你想要怎样的生活，你都要去努力争取，你喜欢美女就去追，你想嫁个有钱人就去找。只有真正干过了，才知道自己真正要的是什么。不遇到一些人渣，怎么分辨出好人？不试错几个对象怎知自己跟什么样的人处得来？不多尝试一些事情怎么知道自己喜欢什么不适合什么呢？

因为经历，所以懂得。该做些什么、走怎样的路，应该遵循着内心的声音一步步摸索、试探。摔倒了，爬起来；撞个头破血流，往后退；走岔了路，就退回来；走得太急，就慢一些；迷路了，停下来想想，再继续走。你要做的就是不要给自己的人生设限，倾听内心的声音，遵从自己内心的意愿，慢慢来，一切都来得及。

如果你已经找到自己的方向了，也已经努力了，但是你还没有得到你想要的，那只是时间还不够，你的努力还不够，你的成长还不够。有一款手表的广告语叫作：唯有时间了解爱。我觉得这是一个带有哲思的广告语。什么是爱？爱是一个漫长的过程，不单单是我对你说我爱你的那一激情瞬间，而是无数个平平淡淡一粥一饭柴米油盐的日子。唯有时间了解爱，也唯有时间能够见证成长。没有时间的积累，没有付出的增多，没有量变的增加，你是看不见自己成长的。上天会眷顾那些持续努力不断坚持的人，不信，你再努力个三年五载试试，到时再回头看看，你是否已经得到自己想要的。所以，亲爱的朋友，不要着急，慢慢来，你会得到你的未来。

# 梦想，不只是说说而已

昨儿出差的路上和同事聊天，她说起自己以前一个同事的故事，让大家听后生出无限感慨。

那个男生在很小的时候父母就离婚了，之后父母都不再管他，他和爷爷奶奶一起生活，其实说白了，他应该算是被父母抛弃了。祖父母靠自己微薄的收入以及时不时地向同村人借钱养育他，供他上学。念到高二的时候，他就辍学了，因为祖父母再也没有能力，也借不到钱替他交学费了。没法上学了他就出门打工，一开始在一个模型公司打工，因为头脑灵活，人又踏实肯干，老板挺喜欢他的，这一干就是两年。

其实这个男生心里一直有一个上大学的梦想，他觉得自己这样打工下去的生活不是自己想要的，因为喜欢美术，所以他带着打工积攒下来的钱重新回到学校，开始学画画，准备参加高考。大家都知道，学画画很烧钱的，他打工攒下的钱很快花完了，为了吃饭，常常向画室里的同学借钱，一次只借十块钱，按他自己的话说就是不敢借多，因为借多了担心自己还不上。尽管画室的老师喜欢他，时不时地带他出去吃饭，但在画室学画的那段日子他更多的是靠馒头就咸菜度过的，就这样他考上了一流的大学。大学和毕业以后的艰辛也是可想而知的。据说，他毕业三年左右才还清大学的助学贷款，但是他现在过得相当不错，是一个公司的项目经理。

这个男生全凭自己的努力，让自己上了高中，学了美术，完成了大学教育，非常让人钦佩。其实，我讲这个故事不是想说苦难让人生充满能量，逆境让人成长的，奋斗使人生与众不同之类的励志话，我想从另一个角度思考一下我们的人生：我们是否有为梦想真正地实干一把？

我从西藏回来以后，在我空间中上传了一些旅行时拍的照片，一个大学同学在很多照片下留了言。

“最近在看《藏地密码》，让我有太多遐想。”

“这里的天怎么可以如此的蓝，这里的水像是在画里流淌。”

“湖面像是银盘一样，天啊，我爱死你拍的每一张照片了！”

“你走过这桥的时候啥感觉啊？”

“啊呀，这就是传说中的八廓街的玛吉阿米啊！”

这个同学是大学睡在我上铺的姐妹，她比我更想去西藏旅行，当年有好多个夜晚我们兴奋地聊着西藏，聊着西藏旅行的梦想，她说她从高中起就想去西藏旅行了。我记得去年 9 月 12 日，当我背着装有相机、衣服和睡袋的大包，走在去地铁站的路上偶遇她和她男友的情景。他们把我送到地铁口，和我拥抱道别，对我说加油，祝我长途旅行愉快，因为内心的激动混合着离别时的哀愁，记得当时我还忍不住掉了眼泪。这个女同学，梦想去西藏旅行，高中想了三年，大专想了三年，毕业之后又想了三年，现在还在继续想着，我希望她不是只是想想而已，不是只是说说而已，能终有一天亲身感受西藏如此蓝的天和如此安静的湖水，坐着火车亲眼看看洒满阳光，像银盘一样的措那湖，能走一走林芝尼洋河上的吊桥，去传说中八廓街的玛吉阿米餐厅翻看别人写的情书或者自己写一封情书。

你说自己喜欢读书，让我给你列书单，方便你按照书单去采购，你还问我哪里有那么多时间看书；你说自己梦想的职业是广告文案，但是总是找不到机会，问我如何成为一个文案，应该具备哪些素质；你说自己计划开始晨跑，但是总是因为学习、工作辛苦或者身体不舒服第二天起不了床；你说你一直梦想一个人去长途旅行，但是没钱，父母又觉得太危险……其实，我已经厌倦了你们这样说说而已的把戏，也许是我太悲观，我觉得就算我告诉你们如何去做，你们也不会按照我说的去做，因为你们根本什么都不做。

我开始渐渐清楚自己的优势就在于我不是个仅仅会想想而已，说说而已的人，我有我的行动力。以下说的话，也许很多人会觉得我在炫耀，但却都是事实。

我从小就喜欢看书，但是我却一直未买过书，直到大学毕业参加工作一年之后才开始有些钱买书，之前看的书不是向朋友借的就是在图书馆借的，现在我依然买得少，看得多，还是会定期跑图书馆，并且很享受在图书馆的时光。

在成为一个合格的广告文案之前，我用了两年半的时间自考了广告学本科，并且拿到了学位证书；毕业后在广告公司上班，月入只有 1500 元的文案助理工作干了 14 个月，尽管我做了正式文案所有的工作。

说实话，早上起来晨跑真的是件不容易的事情，尤其是冬天。

我每次起床跑步之前都会经过剧烈而痛苦的挣扎，每次都是在“再不起床我就不爱你了”的自我分裂和鞭挞声中艰难穿衣。但是我又是多么喜欢跑步的感觉啊，只要起来跑过一次，我的心情就会飞扬，跑步的里程数就又多了一点。

我为独自去西藏旅行存了一年的钱，跑了一年的步，从辞职到出发只用 4 天时间准备：一天时间用来取钱，买火车票；一天时间用来借背包，借相机，借手电筒，买冲锋衣，买打折睡袋，买食品；一天时间用来看攻略，逛论坛，设计路线，预订青年旅社；还有一天时间用来打包，收拾行李。我要感谢我的朋友 W，没有他的推动和支持我就不会那么有行动力。现在我甚至觉得我应当做得更有行动力一些，放一个旅行背包在鞋架上，想旅行的时候甚至不用脱鞋进房间，拎包就走。

我想起一个笑话，相信很多人都知道。

有个人每隔三两天就到教堂祈祷，而且他的祷告词几乎每次都相同。第一次他到教堂时，跪在圣坛前，虔诚地低语：“上帝啊，请念在我多年来敬畏您的分儿上，让我中一次彩票吧！阿门。”

几天后，他又垂头丧气回到教堂，同样跪着祈祷：“上帝啊，为何不让我中彩票？我愿意更谦卑地来服侍你，求您让我中一次彩票吧！阿门。”

又过了几天，他再次出现在教堂，同样重复他的祈祷。如此周而复始，不间断地祈求着。到了最后一次，他跪着：“我的上帝，为何您不垂听我的祈求？让我中一次彩票吧！只要一次，让我解决所有困难，我愿终身奉献，专心侍奉您……”

就在这时，圣坛上发出一阵宏伟庄严的声音：“我一直垂听你的祷告。可是最起码，你也该先去买一张彩票吧！”

你想中奖那至少该买一张彩票；你想生个孩子遗传自己优良的基因，有对象的前提下你至少需要辛苦干上几次吧；你想梦想成真那首先该为梦想行动起来，做点什么吧！

二十多年来，不止十个人跟我说过他们喜欢美术，想学画画，梦想成为服装设计师，但是他们中却没有一个真正去学美术，会用自己逛街上网打游戏的时间去画一两张设计图，他们总有各种各样的困难阻碍他们：画画的学费很贵，自己的时间不够，找不到好的老师等。从来没有真正为了这个“想学画画”而像文章开头提到的那个男生一样实干过。

你发来邮件说想写一手好文章，问我如何做到？ 我相信你是真的想，只是或许还没有那么想罢了，没有强烈到会利用业余时间去试着真正地学一学写作，试着读一本经典的好书，试着伏在电脑前不和MSN、QQ、微信上的人聊天，不玩豆瓣不上人人不刷微博不浏览草榴，认认真真写一篇文章，或者拿个本子安安静静地坐在图书馆里写上一篇日记。你们总是会有许多理由，没时间啦，上班辛苦啦，家里吵看不进书，最近在谈恋爱静不下心来，等等，所以你们永远也写不出好文章，永远只是想写而已。

现实中，有一部分人对于自己喜欢的东西，对于自己的梦想，只是说说而已，想想而已，没有丝毫行动力。这个时候我常怀疑他们说的喜欢是不是真的喜欢，或只是人云亦云。你说你爱上一个姑娘，却连表白的勇气都没有，也没有为她做过任何一件事情，只是天天想她，我就会怀疑你并不是真的那么爱她。不爱一个人并不是可耻的，但是假装深爱一个人却是相当可耻的。

真正有行动力的人不需要别人告诉他如何做，因为他已经在做了，就算碰到问题，他也会自己想办法，自己动手去解决或者主动寻求可以帮助他的人，而不是等着别人为自己解决问题。

首先，要学习独立思考，花一点时间想一下自己喜欢什么，内心的梦想是什么。不要别人说想环游世界，你就说你的梦想是环游世界；不要看到别人跑超级马拉松，你就说你也想去跑马拉松；不要看到别人是个广告人你就想做广告人，你以为广告人很牛逼吗？“不做总统就做广告人！”这句话是骗人的，其实广告人是最苦的人，他们常常加班，工作辛苦，但因为是真的热爱，他们更会苦中作乐。

也许你也不是没有梦想，只是没有梦想成真的行动力，所以你总是羡慕别人这样，羡慕别人那样，一辈子活在羡慕别人和对自己的梦想说说而已之中。

我常常告诫自己说，想做一件事就要立刻行动起来，不然就跟那些徒有羡慕之情却给自己诸多理由毫无行动的人们一个样。

网上流传着这样一段话，“18岁读大学，问你的理想是什么，你说环游世界；22岁读完大学，你说找了工作以后再去；26岁工作稳定，你说买了房以后再说；30岁有车有房，你说等结婚了再带老婆一起去；35岁有了小孩，你说小孩大一点再去；40岁孩子大了，你说养好了老人再去，最后，你哪儿也没有去。” 因为这样那样的现实问题，你的理想一生都未实现。人们一直以为是时间和现实的问题阻碍了自己实现梦想的脚步，其实根本上是自己没有行动力的问题。

有个北京的小伙子想去德国柏林看女友，选择仅仅依靠陌生人的帮助，一路“搭便车”的旅行方式，历经1.6万多公里、13个国家，穿越中国、中亚和欧洲，直到柏林。最后在柏林的广场上偶遇了自己的女友，与她紧紧相拥。这件事不仅录制成纪录片在旅游卫视播出，还出了一本书，叫《搭车去柏林》。小伙子说过这样一句话："有些事，你现在不做，永远也不会去做。"

很多人都说现实束缚了自己，其实在这个世界上，我们一直都可以有很多选择，生活的决定权也一直都在自己手上，只是我们自己缺乏行动而已。

大学的某段时间，我很喜欢袁泉唱的舞台剧《暗恋桃花源》的推广曲：许我向你看，每夜梦里我总是向你看。我把它修改一下，与大家共勉：梦想啊，许我向你看，每夜梦里我总是向你看，看完我还要干。

# 不要害怕生活

## 有钱还是一样要过普通人的生活

有一回去外地出差，是一个开发商请我们去做活动，安排住在五星级的酒店，那个酒店的大堂用八个字来形容就是："金碧辉煌，宛若宫殿"。我一个人住一间豪华大床房，床头柜上摆着一个精致的花瓶，中间插着一枝新鲜的马蹄莲。卫生间的马桶圈是时刻保持恒温的，还有好几个按钮，可调节冲洗的水量大小，还有烘干功能。还好我之前在《刺猬的优雅》一书中看到过更奢华马桶的介绍（按钮冲洗的时候头顶还有个环绕立体声会给你播放音乐），不然我这种屌丝，估计会被那些功能吓得便秘。我站在房间中央，忍不住演绎了一把电影《茉莉花开》（剧本改编自苏童的小说《妇女生活》）中的国际章夸张又别扭的台词："啊呀，这样好的房间，这样高级的马桶间，还有这样柔软的眠床，啊……"

这一天我兴奋得要命，不单单是体验了一把奢华，还隐约找到了人生目标："如果我这辈子能住在这样的地方，我一定会很幸福啊，嗯，我要为这个目标奋斗，这就是我想要的人生！”

我带着找到人生方向和目标的兴奋感睡着了，第二天一早醒来，掀开被子，我发现那么大张的床我只睡了很小的一部分，只弄皱了五分之一的床单，另外五分之四的白色床单还是平整崭新的，我矫情地用手抚摸一下，然后决定在没睡过的地方再躺一会（屌丝气质顿时如滔滔江水倾泻而出）。

那天的自助早餐标价是288元，琳琅满目，什么都有，我跟自己在家吃的一样：一碗白粥、两个小肉包，几小节油条，一碟咸菜，还有一杯酸奶。

那一整天我都在考虑一个问题：就算有一天，我真的成为有钱人，我真的会比现在更幸福吗？我还是只睡那么大点的地方，吃那些简单的早餐。我的需要好像不会变多，其实我需要的真的很少，除了这些，我还要什么呢？你看，只一天的时间，我又陷入迷茫之中，从目标明确的人生到又不知道自己到底要什么了。

去年我认识一个女老板。首先，她长得很美，35岁，容貌清丽，脸上的皮肤光滑紧致，吹弹可破，胸前四两肉一点也没下垂，腰围长年维持在24，一身华服，气质出众；其次，她的家庭很美满，开了好几个公司的丈夫很爱她，对她温柔又大方，每到节日都会送她礼物，还有一个念幼儿园，长得非常萌的女儿；最后，她自己还事业有成，经营一家年赢利一千多万的百人公司。在外人看来她真的很幸福，人人都会羡慕她的生活，她就是众人羡慕嫉妒的对象，可是有一天她居然在网络上跟我说这样一句话：“我经常觉得生活很绝望，真的很令人绝望。”

我朋友的朋友张先生是一个台湾大老板，他父亲创立了一个大公司，他算子承父业的富二代，身家过亿。今年50岁的他每一个月都要在中国台湾、中国大陆、越南、新加坡等地的工厂飞来飞去，出差的同时也顺便旅游，吃吃喝喝玩玩，看起来过得非常潇洒。某一次朋友请吃饭，席间聊天，他说觉得自己很迷茫很疲惫，不知道自己接下来要干什么。做事业的激情已经褪去很多，再也找不回年轻时候拼命工作的激情了。然后又说起他一次旅行的经历。有一次他在阳朔旅行，遇到一个打着非洲鼓的流浪艺人，他看对方表演了很久，然后两个人聊天，他知道这个流浪汉非常自由，去过很多地方。他非常羡慕对方，特别想放下工作和他一起流浪，他觉得这才是他想过的人生。他第二次到阳朔，又去那条街上找那个流浪艺人，再也没有遇见，心里怅然若失。

## 只有一种英雄主义，就是在认清生活真相之后依然热爱生活

最近我很认真地看了一本书——坎宁安的《时时刻刻》，讲了三个女人的故事：弗吉尼亚·伍尔夫，20世纪20年代伦敦的天才作家；布朗太太，“二战”后住在加州的家庭主妇；克拉丽莎，20世纪90年代纽约的出版编辑。小说的结构无疑很创新，用“达洛维夫人”这一关联性将三个不同年代、不同家庭的女人放在同一时间维度里，用平行叙述的方式，一章讲述一个女人，错落有致，充满韵律美。但是在我看来形式并不是最重要的，书的内容才是。很多人讲了女性主义、女性价值、女同性恋之类的，我觉得它的主题

并不局限在女性这一群体上，而是更为宏大，讲人生，讲生活的本质，以及在认清生活本质之后你如何去热爱它。

伍尔夫给丈夫留下一封遗书：“我确信自己又要精神失常了，我感到自己无法再一次经受这样可怕的时刻……”离开家后，她在厚重的大衣口袋里装满了石头，走向了河心。她的尸体随着水流而下，最终被一座桥的桥桩挡住，她背对着河，脸贴着石头，然后一对母子从桥上经过。

劳拉·布朗刚刚给丈夫买好了生日礼物，并和三岁的儿子一起烤了生日蛋糕，她的腹内还孕育着另一条小生命。趁着丈夫还没有回来之前，她将儿子托给邻居照顾，一个人驾车出去，带着忐忑不安在旅馆租了一间单人房， 然后躺在床上阅读《达洛维夫人》，想着原来死亡是如此容易，就像在旅馆订上一间单人房。

克拉丽莎为罹患了艾滋病的前男友——诗人托马斯举办了一场晚会，庆祝他拿到一项重要的诗歌大奖，当晚却目睹了托马斯跳楼自杀，然后看着他的尸体不知如何处置。

从表面上看来他们自杀的原因是：伍尔夫得了抑郁症。之前她崩溃过几次，这一次觉得无法再承受；劳拉·布朗受困于家庭主妇的角色，家庭生活让她感到窒息；托马斯得了绝症，无法尽展自己的才华。实际真正让他们自杀的原因是：受困于生活，对生感到厌倦。

我关注的友邻里面有几位专栏作家，其中有一位我时常会在《上海壹周》上看到他写得妙趣横生的小文。有一天他发了一条广播：“如今我过上了天天想死的生活”有豆友劝他好好休息一下，他补充了一句：“完全是一种对人生的，深深的，深深的倦意……”我特别能理解这种情绪，我自认为算得上积极乐观的人，但还是会时不时生出那种对生活无边厌弃的情绪来，说白了就是活腻了，实在过厌的感觉。我想其他人也一样吧，有从来就没有对生活厌倦的人吗？我认为当一个人活腻的时候就需要小死一次，这段时期很痛苦，如果熬过去了就继续活下去，如果熬不过去就会自杀。两千年前的古罗马哲学家塞内加说："人生不断学习生存，人生也不断学习死亡。"你需要一次次看透生活的本质，一次次学习死亡，才能好好地生存下去。

在过去很长的时间里，我一直以为当有一天我变得不普通了，比如拥有大把的财富，拥有令人艳羡的名望，我就不再需要面对普通的生活，就像《时时刻刻》里克拉丽莎在街上遇到电影大明星，渴望自己可以跟明星一样不平凡，过耀眼的生活。到那时，我将不再受困于生活的琐碎、无聊、恶心、龌龊、疲惫、压力、厌倦、忧伤、痛苦、虚无……我的生活一定充满光鲜、快乐、愉悦、舒服、安宁、幸福……可是我现在已然明白，无论我怎么努力，即便我名利双收，依然不能脱离普通的生活。只要我生而为人，我就受困于生活，甚至受困于幸福的生活，比如，我认识的那位美女老板。事实上我们所有的人都受困于生活，受困于这有限的时间和很快不再青春的肉身，受困于大大小小一切形式的责任，受困于来自方方面面的压力，受困于生活中那些琐碎、无聊、恶心、龌龊……

与其说我害怕成为普通人，还不如说我害怕生活，害怕找不到一种自己喜欢的方式去度过人生，害怕不知道什么才是我想要的生活。

当我必须面对物质生活上那些恼人的小事时，当我需要承担工作责任又想逃避时，当我不得不面对不喜欢的人又要假装热情时，我总是不停地在心里告诉自己："这就是生活，你不要害怕生活！"

《时时刻刻》中引用了莎翁的诗歌："不要再怕炎炎骄阳，也不要畏惧寒冬的肆虐。"我理解为不要畏惧生活中的一切，无论好的还是不好的统统都接受。如果我们不畏惧生活，我们将不畏惧一切，包括死亡，因为死亡也是生活的一部分。

伍尔夫说："亲爱的雷纳德，要直面人生，永远直面人生，了解它的真谛，永远地了解，爱它的本质，然后，放弃它。"

梭罗说："生命并没有价值，除非你选择并赋予它价值。没有哪一个地方有幸福，除非你为自己带来幸福。"我以前觉得追求幸福、快乐才是人生的第一要义，后来才渐渐懂得幸福、快乐并不是人生最重要的东西，意义才是。寻求和建立意义，为意义而活，它可以帮助你走完人生，度过一个有意义的人生，尤其是在现在这样一个信息更新更快速、充满选择和诱惑的时代。

罗曼·罗兰说："只有一种英雄主义，就是在认清生活真相之后依然热爱生活。"但是这世间最难做到的就是"热爱生活"这四个字。

## 人，必须选择一种生活方式并有勇气坚持下去

写到这里我想起一个捕鱼人的故事：

有一个美国商人坐在墨西哥海边一个小渔村的码头上，看着一个墨西哥渔夫划着一艘小船靠岸，小船上有好几尾大黄鳍鲔鱼。这个美国商人对墨西哥渔夫能抓这么高档的鱼恭维了一番，还问要多少时间才能抓这么多？墨西哥渔夫说，才一会儿工夫就抓到了。美

国人再问，你为什么不待久一点，好多抓一些鱼？墨西哥渔夫觉得不以为然：这些鱼已经足够我一家人生活所需啦！

美国人又问：那么你一天剩下那么多时间都在干什么？

墨西哥渔夫解释道：我呀？我每天睡到自然醒，出海抓几条鱼，回来后跟孩子们玩一玩；再跟老婆睡个午觉，黄昏时晃到村子里喝点小酒，跟哥儿们玩玩吉他。我的日子过得既充实又忙碌呢！

美国人不以为然，帮他出主意，他说：我是美国哈佛大学企管硕士，我倒是可以帮你忙！你应该每天多花一些时间去抓鱼，到时候你就有钱去买条大一点的船。自然你就可以抓更多鱼，再买更多渔船。然后你就可以拥有一个渔船队。

到时候你就不必把鱼卖给鱼贩子，而是直接卖给加工厂。然后你可以自己开一家罐头工厂。如此你就可以控制整个生产、加工处理和行销。然后你可以离开这个小渔村，搬到墨西哥城，再搬到洛杉矶，最后到纽约，在那里经营你不断扩充的企业。

墨西哥渔夫问：这要花多少时间呢？

美国人回答：十五到二十年。

墨西哥渔夫问：然后呢？

美国人大笑着说：然后你就可以在家当皇帝啦！时机一到，你就可以宣布股票上市，把你的公司股份卖给投资大众，到时候你就发啦！你可以几亿几亿地赚！

然后呢？

美国人说：到那个时候你就可以退休啦！你可以搬到海边的小渔村去住。每天睡到自然醒，出海随便抓几条鱼，跟孩子们玩一玩，再跟老婆睡个午觉，黄昏时，晃到村子里喝点小酒，跟哥儿们玩玩吉他。

墨西哥渔夫疑惑地说：我现在不就是这样了吗？

先抛开马斯洛的五大需求层次理论来说（人的生理、安全需求满足后要发展更高层次的需求，一直到追求最高层次的自我实现），这个故事中没有谁的选择是对，谁的选择是错的问题，只是不同选择，不同的人生罢了。虽然看起来终点都一样——在海边的小渔村过着优哉悠哉的生活，但是过程却完全不一样。如果你觉得安于现状是你想要的，那选择安于现状的生活就会让你幸福和满足；如果你不甘平庸，选择一条改变、进取和奋斗的道路，在这个追求的过程中你也一样会感到快乐。所谓的成功，即是按照自己想要的生活方式生活。最糟糕的状态莫过于当你想选择一条不甘平庸，改变、进取和奋斗的道路时却以一种安于现状的方式生活，最后抱怨自己没有得到自己想要的人生！

人， 必须选择一种生活方式并有勇气坚持下去。

但是，你懂得自己想要的是什么生活吗？你说得清，道得明吗？

# 没有一步是浪费的

不知不觉我已经晨跑近 2 年了，虽然也有各种各样不想跑步的时刻：“哎呀，好累，今天不跑了。”“不行啊，今天太忙了，跑不成啦。”“又下雨了，没地方跑了”……但是就整体而言，还是持续跑下来，即使有的时候连续一个星期不跑步，下个星期我也会更努力一点，多多少少能补回一些之前没跑的里程数，尽管有的时候这种补跑形式只是一种减少内心罪恶感的方式而已。

但是我确实从跑步中得到了许多。我从跑步中得到的好处和生活感悟较之我在跑步上付出的时间和精力多得多，简单的一句总结即是：回报多于付出。这种好事在世间应该难得一见吧，我们在生活中往往面临的尴尬是付出很多，得到很少，得到的成果总是比付出的努力要显得少，但是，这仅仅是“显得”而已，是我们在主观上的认知，事实并非如此。我相信只要付出，就会有得到。付出与得到之间是成正比的。有个成语叫“功不唐捐”，意思是没有一点儿努力是白白丢掉的。付出的努力在未来我们看不见想不到的某时、某地就会自行展现，我们要确信的只是这一点：今日努力了，将来就会有所得。我们常常觉得付出与得到不成比例是因为我们忘记了这一点：付出本身就是一种得到。“为一件事去付出”经历本身就是一种得到，一种人生意义的所在。

没有一点努力是白白丢掉的，同样地没有一步是浪费的。坚持跑步的人，每一步都有所得。我的跑步偶像村上春树在《当我谈跑步时，我谈些什么》中引用了毛姆的话：“任何一把剃刀都自有其哲学。”他说这句话的意思大概是说，“无论何等微不足道的举动，只要日日坚持，从中总会产生某种类似观念的东西来。”我非常同意这种说法，因为我就从跑步中得到了许多可以应用在生活其他方面的道理。

## 真正喜欢的事情无须坚持

某乳品企业最近推出名为“平凡人的奥林匹克”的系列微电影，其中，第二支《跑吧老李》在上线当天点击量即突破 75 万。62 岁的老李是马拉松发烧友，6 年跑了 25000 公里，17 个马拉松比赛。他说自己每天跑步的时间比坐着的时间多，他把跑步视为最大的快乐，把马拉松视为自己的节日。他不仅自己跑，还自建网站，通过网络募捐组织“海口马拉松赛”。他在短片中说：“常有人说我坚持得好，其实真正喜欢的事不用‘坚持’，让自己变得健康，真的很容易，不停地跑下去，就不会老。跑步可以沿途欣赏美景，享受运动的快乐，人生就是一场马拉松，谁健康，谁就能跑得更长远！”

“做真正喜欢的事情不用坚持。”这一点村上在谈跑步的书中也说道：“人生本来如此，喜欢的事儿自然可以坚持下去，不喜欢的事儿怎么也坚持不了。意志之类，恐怕也与‘坚持’有一丁点儿瓜葛。然而无论何等意志坚强的人，何等争强好胜的人，不喜欢的事情终究做不到持之以恒；做到了，也对身体不利。” 村上君从1982年开始跑步，如今已经跑了30年，跑了无数次马拉松，成为跑步小说家，就是喜欢跑步的缘故。而我之所以能够晨跑近两年，也是因为喜欢，而不是什么坚持、毅力之类的。所以，找到自己喜欢的事情非常重要。因为喜欢，你不用苦苦坚持，也因为喜欢，你愿意投入时间、精力，长久以往获得成功就是自然而然的事情。这一点同样适用在寻找爱人这件事上。找到自己真正喜欢的人，与之在一起，并不需要费力坚持，太过辛苦经营，只因为你们在一起是喜欢的、快乐的、充实的。在一起的时间越长，爱情如美酒一般变得愈加醇美。

## 计划不是最重要的，行动才是

随着这两年的电影、电视、网络、图书等传媒越来越提倡跑步这一运动，形成了一股“跑步热”的风潮，我身边的一些朋友知道我跑了近两年步之后，也都开始蠢蠢欲动，摩拳擦掌地准备加入这股“跑步热潮”。有一些朋友通过面谈或者打电话的方式告诉我，自己最近正在计划跑步，或者说自己做了一个一年的跑步减肥计划，每天几点到几点为跑步时间，一周至少要跑多少公里，一个月至少要跑几公里，跑了一个月希望减重多少斤等。不管他们的计划做得多么完美，但真正开始行动起来的人却寥寥无几。计划的定义是：“预先明确所追求的目标以及相应的行动方案的活动。”但是当你知道目标和行动却没有去追求目标，贯穿行动，那计划仅仅是计划而已，再好的计划如果没有行动都是零。无论计划是简单还是复杂，比如，你是计划晨跑一周还是晨跑一年，如果没有切实的行动，所有的计划都注定失败。与其计划着去失败，还不如不要计划，只要去做就好。我在跑步过程中很少做长期周密的计划，因为我的计划一句话就可以概括：每天早起去跑步。如果我每一天都做到这一点，那我的计划就实现了。

跑步如是，其他事情也是如此。当然，有的时候计划确实很重要，比如，你几个月后要参加一个行业资格认证的考试，那你就要计划着用多少时间看书，用多少时间复习，用多少时间做习题等，但是最重要的还是行动。如果没有行动，也许过了两个月，你发现自己连一页书都没看，一道题都没做。正因为制订计划很容易，而落实计划却是困难的，所以只有少数落实计划的行动派能够成功，他们超越大多数人，从平庸中脱颖而出。因此，想做事情的就立刻行动起来吧！

### 千里之行，始于足下

这一观点跟上面提到的“行动”会让你觉得有点重复，事实上我想表达的是要完成一个大目标，你要从小目标开始，一步步累积，你就能达到千里。一切事情都是从头开始，逐步进行的。古人早就洞悉这一点，《老子》中有云：“合抱之木，生于毫末；九层之台，起于垒土；千里之行，始于足下。”荀子《劝学》中也曾说过：“不积跬步，无以致千里；不积小流，无以成江海。”

这一点我在跑步中体会得尤其深刻。由于周末时间充足，我会打算跑10公里，但是当我开始跑步的时候，心里的目标并不是10公里，而是3公里，当我成功跑完3公里的时候我会对自己说："现在继续跑，跑完4公里。"跑完4公里时，我又会告诉自己："现在你的目标是跑完5公里。"如此反复，依次增加，不知不觉我就跑完了10公里。我想那些跑完百公里超级马拉松的人应该也是这样，第一个10公里，第二个10公里……一次又一次地攻克小目标，最后跑完100公里。所以，当你有个较为宏大的目标时不如把它拆分成无数细小的目标，当这一个个小目标实现时，你的大目标也会随之实现。假如你的人生理想是旅行100个城市，那你不妨把它分解为每年去4个不同的地方，用25年的时间去实现它。你不要说这不可能，我知道另一些人就是用这种方法周游了世界。只要一点点去做，这个看起来遥远的理想就会变得切实可行。

有个叫山田本一（1984年和1986年世界冠军）的马拉松运动员，他在自传中讲了自己是如何将大目标进行拆分，从而完成了马拉松长跑的故事。

"每次比赛之前，我都要乘车把比赛的路线仔细看一遍，并把沿途比较醒目的标志画下来，比如，第一个标志是银行，第二个标志是一棵大树，第三个标志是一座红房子，这样一直画到赛程的终点。比赛开始后，我就以百米冲刺的速度奋力向第一个目标冲去，等到达第一个目标，我又以同样的速度向第二个目标冲击。四十多公里的赛程，就被我分解成这么几个小目标轻松地跑完了。起初，我并不懂得这个道理，我把我的目标定在四十多公里处的终点线上，结果我跑到十多公里时就疲惫不堪了，我被前面那段遥远的路程给吓倒了。”

就像山田本一所说的那样，拆分目标的好处在于：一、使得原本看起来有些吓人的大目标变得容易靠近和比较现实了。当你的心里认定这个目标可以实现时，就不会因为害怕失败而放弃你的行动。一个人做一件事拖延的原因有很多，其中一个就是把目标定得太高，害怕自己无法实现，其实就是恐惧失败。细化目标可以减少或者避免由于害怕失败而产生的拖延。二、细化目标还可以增加信心。当你觉得目标可以实现时、容易成功时，你就会更有信心。不言而喻的是信心对完成任务的作用很大。

## 为一件事情找到多种目的

其实，我是个非常害怕重复和无聊的人。但是机械式的跑步我却坚持了下来，是不是有点儿不可思议？我用的方法就是为跑步找到好几个目的。我会戴着耳机去跑步，有的时候听英语新闻，有的时候听中文有声书，还有的时候听喜欢的歌曲，这样我会觉得自己在学习和放松中跑步。跑完步，我会在回来的路上买好早餐带回来，有的时候我还会设计一条能跑到附近菜市场的跑步路线，跑到菜市场后可以顺便完成接下来几天的食材采购，回家把冰箱装得满满的，心里就会很有成就感。你看，跑步于我而言，不仅锻炼身体、出汗排毒、减肥瘦身，还可以顺便把买早饭、买菜等事情做完。不瞒你说，有的时候我还会跑步去银行，在跑步的过程中做完取钱或者交房租之类的琐事，真是一举 N 得啊！

吴淡如在《时间管理幸福学》中说道：“只要想到一件事情可

以‘一石二鸟’或‘一石三鸟’我们比较容易有‘赚到’的感觉，会因为自己的‘贪恋’而继续下去。”确实如此，每当我可以同时很好地完成几件事的时候，或者做一件事有很多方面的好处时，我就会有那种“赚到”的满足感，“我是高效达人”的欣慰感。当然，这跟专心做一件事并不冲突，这是一种正面积极的思维方式，有助于人们克服困难。关于这一点，吴淡如用自己做主持的经历来举例说明。她原先是个作家，然后有人找她去做主持，因为是新手所以她做得很菜，正考虑要不要放弃时，有人付钱给她上主持补习班，不仅赚钱还可以学习，甚至可以从主持节目中获得写作的灵感，何乐而不为呢？于是就继续当主持人，后来越做越好，成为家喻户晓的名主持。

“为一件事情找到多种目的”在工作和学习中都很适用。我的工作经常要出差，早出晚归，舟车劳顿很辛苦，免不了会有负面情绪出现。但是，只要想着出差不仅可以在火车上或者飞机上不被打扰地阅读一本书，还可以吃到当地的特色小吃，时间允许的话还可以去一些地方旅行，我的负面情绪就会削减大半。做一件事情时，加强它的正面意义，为它多找一些其他目的，不仅能让你快乐地完成这件事，还让你的生活变得积极而高效，充满正能量。

我从跑步中得到的东西还有许多，比如，一个健康的身体，积极的生活态度；跑步时挥汗如雨的畅快感；因为跑步在网络上认识了共同热爱跑步的朋友们……在跑步里，没有一步是浪费的，在生活中也是如此，只要用心生活，没有一天会是虚度的，你总会有所收获，你行走的每一步都是为了抵达美好的未来。

# 孤独要趁好时光

## 一个人生活初体验

因为2012年已经启动了“做好一个人长期生活的准备”，所以今年一开始我就努力工作，积极地存钱，很认真地执行锻炼身体的计划，也开始看与一个人生活有关的书。比如，最近读的上野千鹤子《一个人老后》，这本书在开篇就表明了这样一个观点：一个人老去是人生的必由之路。“生命旅程越长，越有可能只剩自己独自走下去。结婚也好，不结婚也罢，无论是谁，最后都是一个人。”我想这个观点应该没有人能够否认。人生归根结底是一个人的旅程，就像汪峰那首歌唱的那样：“我们生来孤独”。相比此书的内容，我可能更爱目录，里面有好几个题目我都很喜欢：

一个人，是女性人生的必修课

做好“一个人生活”的准备吧

人生到头来，终究是一个人

独身时光是女人的第二人生

孤独是人生的重要伴侣

单身是一场华丽的冒险

能守护一生的人只有自己

单身是一场华丽的冒险，一个人的时光是一件特别的礼物。6月初我唯一的舍友搬走了，这开启了我真正意义上的一个人生活。这一个月我一个人过得很愉快，如果工作稍微不那么忙，我甚至可以说我享受一个人的时光。一个人生活的初体验用六个字总结：又自由又美好。

我时不时地会记起那些逝去的独自旅行的时光，最近记起的是拉萨河上的风景。次巴拉康寺的转经，纳木错湖边的雪山、星空和日出。好像一切好的东西，总是在身边一闪就过去了，比如好的风景、好的恋人、好的性爱、好吃的东西、好天气，还有一个人的好时光，不知不觉我就过了一个月。

下雨天的时候，一下班我就匆匆回家，刚到楼梯口，嘴里就念着：泡面、泡面、荷包蛋、荷包蛋……（我是个多容易满足的正牌吃货啊）然后“咔嚓”一声开门，蹬掉高跟鞋，用平底锅煮泡面吃，就着外面的雨声，吃着热气腾腾的荷包蛋泡面。下雨的夜晚，抱着锅，吃着泡面，我会感觉很幸福呢！

气温高的时候，一下班我又匆匆跑回家，连朋友请喝冰镇啤酒都不去了，嘴里念着：“绿豆汤、绿豆汤、西瓜冰沙、西瓜冰沙……”接着在厨房煮绿豆汤，用“轰隆隆”的搅拌机做西瓜冰沙。最后抱着小碗，赤着脚在房间里边走边吃，看看自己养的绿植长大点没，翻几页《周报》，自在又清凉。

我很庆幸自己众多爱好中有好几个是低廉又无须他人陪伴的，比如写作、阅读、养花、跑步、做饭。这几样爱好都只需单打独斗，就可以自娱自乐。我很容易沉浸在自己的爱好中，常常不知不觉进入忘我的状态。晚上躺在床上看书，以为只看了二十分钟，一看表才知道看了快两个小时了，然后把书往床边一放就沉沉睡去；我给绿植擦洗叶片，清理根茎，浇水、换水，清洗玻璃瓶，以为只过了几分钟，其实过了大半个小时；早上一个人去跑步也是这样，戴着耳机，沿着跑道，一个人默默地跑着，有时只打算跑两三公里，不知不觉却跑了五六公里。这些独处时候的忘我状态给我非常充实的心灵体验。我该怎么形容这样的感觉好让你理解呢？一种宁静的、和谐的、与自我的时光共舞的状态。

上周末是我难得的休息日，那个午后，天气很热，笨重的吊扇呼呼地转动着，窗口吹来阵阵热风，衣架上的衣服待着有点儿不耐烦，隔壁的电视机在发声，不远处有小狗在汪汪叫，收音机里正放着火辣辣的歌，萧敬腾在唱“在暑气充斥的季节里，你晶莹剔透地带着凉意，你在天南星，气质非凡好活力，喔，好活力。”阳光照在窗台的绿叶上，它们洁净、独立、向上，只需要一点水便绽放轻盈。七月已经来临了，一年过去了一半，它们长得很好，我也觉得自己长得很好，心里的幸福感就像阳台吹进来的风一样，一阵又一阵，连绵不绝。

独处，让我真正明白了一个人生活是怎样的状态；也让我看清自己的需要，理解自己的种种矛盾之处。它同时提供了一个直视自己，和自己对话、碰撞、握手言欢的机会。我觉得现在是自己最好的时光，虽然做不到完全的“亭亭，不忧亦不惧”，但是却做到了内心平静，很少害怕。孤独要趁好时光。趁着好时光，独自欣赏月升日落，独自面对生活的波澜起伏。孤独是人生的重要伴侣，学会独处，乐在独处的人也许过得才最自由自在。越来越觉得人的一生归根结底是与自己相处，与自己斗争的过程，要与自己的万千情绪相处，与自己的各种欲望斗争，与自己的软弱、惰性、劣势不停地斗争下去，爱恨情仇，贪嗔痴慢全是你自己一个人的。

我觉得每一个人最好都有这样一段独处的时光，就像周嘉宁在《一个人住第三年》中所说的那样：孤独有时候也并不是件太糟糕的事情，与嘈杂比起来，安静却孤独的生活仿佛还显得更妙一点，或许至少得有那么一段时间，几年的时间，一个人必须要自己生活着，才是对的，否则怎么能够听到自己的节奏。一旦它流淌出来，走在马路上，坐在地铁里，独自待着的时候，与朋友在一起的时候……任何时候，它都会在那儿兀自发着自己的声音，这是属于你的声音，身体的一部分，不用再担心流失。

上周和许久未见的一个朋友见面，他说我变得自信了。我明白我的自信不是来自薪水的增加、消费能力的提高或者工作能力的增强，而是来源于相信自己有进一步完善自己、改变自己的能力，同时能看到自己的局限，做得到改变能够改变的，接受不能改变的；相信自己有爱自己、爱他人的能力；相信自己一个人生活也过得好。相信一个人也能过得好这一点很重要，中国的女性一过25岁如果还没有结婚，都会备感压力，几乎所有的身边人都在对你念念叨叨，表达的核心意思就是：你一个人不行，你一个人不能过得好。事实上全然不是那样，一个人也能过得很好，只需要一点独立，一点勇气。

以前我一直在逃离生活，与生活保持着一定的距离，觉得走到哪里，怎样的生活都不是自己想要的。这两年我感觉自己渐渐脚踏实地了，开始贴着生活在好好地过日子，虽然做得还不够好，但是一直在进步。蓦然回首，我一个人走过了那么多时光，也走了很远，从乡村到都市，从荒凉到繁华，从深夜到清晨，从弱小到强大，从艰难到轻松，从痛苦到狂喜，所有的这些我都一个人一一走过，虽然我走得慢，但是我走得很认真很努力，从没有因为害怕而停止。

有的夜晚，我也会觉得寂寞，但是这种感觉很快就消失了，取代的是担心，担心自己习惯、享受并且热爱一个人的生活，像一个完整的圆一样生活下去，以后会不会很难接纳他人，很难让他人融入，会不会一直这样一个人生活下去？跟另一个人一起生活是不是会变得很难？我认识的一个男性朋友，因为喜欢独自生活，已经一个人住了五年了，还有那个高木直子应该一个人住了第 11 年了吧？这个问题我现在还没有答案，不去想了，到时候就会知道了。我只要活在当下就好。

当你忘了自己的过去
满意自己的现在
漠视自己的未来
你就站在了生活的最高处

随着时间一天天地流逝，年龄确实变大了，心智也渐趋成熟，但是希望自己的生活态度要向孩子看齐，他们喜欢笑，直接、简单，没有那么多物欲，能从许多简单的事物上获得快乐，对外界保持着旺盛的好奇心。这些美好的品质都值得我学习。

端午节去了杭州，下午三四点钟和朋友坐在西湖边的椅子上看着荷花消磨时光，享受闲暇。第一次意识到，有的时候我们对自己太苛刻，觉得自己还什么都没有，哪有资格去享受啊。但是等你拥有了那些原以为重要的物质后，却发现没有时间去享受了。也许我们应该学习那些在草坪上无所事事晒太阳的老外，享受你的时光，享受你目前所拥有的一切，享受简单的生活，享受生活是不需要资格的，任何人都可以。

一个人不要害怕孤独；
一个人不要不懂得爱自己；
一个人也不要忘记享受生活；
一个人更不要放弃努力，完善自己。

接下来的生活，我希望自己能更珍惜自己的时间，能减少一些工作，多些时间和朋友们、和家人在一起；多一点时间用来锻炼身体，多一点时间学习和完善自己；孤独要趁好时光，多一点时间享受一个人的生活。

从现在我不会再逃避
重新地唤起 埋葬在我心底的血液
沉住气 我的心不再移
屏息不放弃 慢慢地朝着我的梦前进
忘了吧！ 混乱的事不再提
放了吧！ 把心思变唯一

我会用尽所有力

奋力地跃起在天际 迎着光明

我会更用力呼吸

飞到另一个灿烂天空 完美 落地

我相信有努力会开启 久违的光明

老天爷总是会看得清

重新又回到最初自己

每一次练习 我只想朝着我的梦前进

忘了吧！ 混乱的事不再提

放了吧！ 把心思变唯一

我会用尽所有力

奋力地跃起在天际 迎着光明

我会更用力呼吸

飞到另一个灿烂天空 完美 落地

——乱弹阿翔《完美落地》

# 去做的屌丝，才有逆袭的可能

最近收到两封邮件，都涉及“要不要立即行动”这个问题。

meiya 姐你好，想跟你请教下“有了写文章的灵感后”的事。

我属于那种爱琢磨原因的人，所以脑子里不时会蹦出一些观点、灵感，比如：“我们到底应该关注缺点还是优点”“梦想迷思”“对待学习，何种心态最健康有效”，凡此种种（这些都是列在我 To do list 上的内容）。

但是每当出现类似观点，想要深究下去，就发现思绪不清晰了，于是很难真正动手开始去写。一来是觉得自己的知识框架还有限，二来也是出于这种不自信而怕自己写得太烂而丢人。我是应该再经过一段时间等有了更全面的积累之后再写，还是应该直接大胆动手去写？

你有没有出现过这种情况，怎么解决的呢？

祝好。

meiya 姐，我是你忠实的读者，喜欢看你写的东西，感觉很受益。

最近感情上有点儿烦恼，所以想写封豆油给你。

我在一家公司做平面设计，今年 24 岁，喜欢对面公司的一个女生，她是个会计，虽然不是白富美，但是在我眼中也算白美了。但是我却是个名副其实的屌丝，没房没车，月收入不过万，父母也是普普通通的工人。我向她的男同事打听到一些她的基本信息，她单身，没有男朋友，也和我一样不是上海人，爸爸在一个小县城当小学老师。但是她说过喜欢大叔之类的话，我想她应该是喜欢成熟稳重多金男吧，我不知道像我这样的屌丝去追她有没有希望。我已经打算换工作了，下家也找到了，月入有过万，三个月后入职，我想到时候再去追她也许会更有希望一些。我也不知道要你帮我解决什么问题，谢谢你听我啰唆这么多。

纠结自卑的屌丝一枚。

## 等到万事俱备再出发，东风依然不会来

虽说“不打无准备的仗”“不做准备的人就是在准备失败”，但是，现实中更多的准备战并不需要，也没有那么多时间去让你做充足的准备，我们只要做好一半的准备，甚至三分之一的准备就可以而且是必须上战场了。万事俱备，等来东风的情况只出现在《三国演义》的草船借箭中，现实往往是万事俱备再出发，东风依然不会来。

只要稍微认真想一想，你会发现，在我们一生中遇到天时地利人和的情况是极少的。哪个女生不希望自己的第一次有宽敞温馨的房间，温柔体贴的伴侣，浪漫朦胧的烛光，柔软洁净的大床，两个

人甜甜蜜蜜共度良宵，但是事实上大多数女生的第一次都是在男朋友的手忙脚乱，满头大汗，自己的哭哭闹闹，紧张失落中度过不那么完美的一夜，但是这也是非常美好的，因为第一次而美好，因为成长和改变而美好，也因为准备不充分显得真挚笨拙而美好（看这段请自动排除萝莉与大叔恋爱的情况）。

人是有冲动、有欲望、有情感的动物，未来更是模糊不可知的，充满变数的，如何去做好充足的准备呢？做什么事情如果都要等到万事俱备，准备充足后再行动，那么，如果遇到一直都无法俱备的情况，怎么办？难道要一直等下去吗？西方有句谚语叫作："waiting for life is waiting for die."等待生命就是等待死亡。

## 青春有千万种，却没有一种可以重来

近两年来，我渐渐发现纠结情绪、犹豫不决是最浪费时间的事情。我有个女同学一直纠结要不要考经济学的研究生，她越等待越没有时间和信心，越没有时间和信心就越不敢去考研，在痛苦的纠结情绪折磨下，她最终放弃了考研。与其在纠结中浪费时间，不如立刻行动起来，赶紧做决定，做了决定就可以沿着决定好的这条路走下去。

我听过很多男生被女朋友逼婚的事情，他自己也是爱对方的，但是总觉得自己没多少钱，工作也没稳定下来，于是在结婚这事情上犹豫不决。他们觉得非要等到自己有房有车有所成就，一切准备充分了才能结婚。还有很多男生觉得自己要飞黄腾达了才能去追求自己喜欢的女孩。为什么不换个思维方式想一想呢：与爱的人在共同生活的时光里，看到自己的点滴努力，看到自己的一点点变化，一点点成长，一点点有所成就，不是很棒的事情吗？同样地，一个女生看着爱人成长与改变，应该也是很幸福的一件事吧。我个人认为最棒的爱情则是共同见证彼此的成长，包含物质上和精神上的，这样的感情经得起生活的琐碎与磨砺，经得起时间的考验和岁月的凉薄，对抗得了人生的虚无。

菲茨杰拉德在《那些忧伤的年轻人》中收录了《明智之举》的短篇小说，讲了一对年轻人的爱情故事。乔治·奥凯利和琼奎尔·凯利是异地恋，他们深爱着彼此，原打算结婚，但是那年四月因为生活面临现实的困难，心生犹豫，就错过了结婚那股冲动。一年以后穷小子乔治·奥凯利在南美发家致富了，再回来见自己的恋人，但是他们依然无法结合。小说的结尾非常感伤，令人唏嘘："这世上有的是时间——他的一生和她的一生。可他一吻她，就立刻明白过来就是他找遍永恒的宇宙也无法找回那些失落的四月时光。此刻他可以紧紧搂住她，直搂到臂膀上的筋肉暴突——她是可爱的，她是宝贵的，他曾为她而战，也曾拥有过幸福——可那暮色中缥缈的呢喃，和那夜色里温柔的微风，都将永远地失落……好吧，就让它去吧，他如是想：四月已逝，四月已逝。这世上有成千上万种爱，但从没有一种爱可以重来。"

很多情侣恋爱多年最后没有结婚而是分手了，很多时候是因为没有抓住想结婚那股子冲动。记得唐骏在一期多人谈话节目上说过一段话，大意是：结婚需要的只是冲动，一冲动就结了，哪里要什么房子车子票子啊。所以，想结婚的男女们赶紧吧，不要再拖了，什么鸽子蛋，什么大房子都可以不要。趁着爱情的冲动，赶紧结了吧！

“劝君莫惜金缕衣，劝君惜取少年时。花开堪折直须折，莫待无花空折枝。”写作也好，追求女孩也罢，冲动和欲望就是一朵绽放的花，如果不赶紧采摘，等到花儿都谢了，也就失去了最好的机会。就我个人的写作经验来说，想写一篇文章的欲望很重要，有了表达的欲望加上几句开头和大致的主题，我就会坐下来，开始在电脑前打字，打着打着越来越多的想法就会出现，直到最后写完。通常在写一篇文章之前我是无法预计会写多长的，常常写着写着就变长了。（控制不住写太长，这是我写作的毛病啊，得改！）

因为拖延而错过的事例有很多，我甚至可以说上一夜。很多事情一拖就会失去最好的时机，关于时机的重要性，这一点在商战上尤为明显。

我上大学的时候，教我们项目管理课的老师是一个理工科硕士男青年，28 岁的时候认识了一些开 4S 洗车店的朋友，他发现洗车行业很赚钱，运用自己机械方面的才能，自己找相关书来看，参考市面上现有的一些洗车设备，捣鼓出可移动的蒸汽洗车机专利。然后弄了一个网站，读了一些网络营销和加盟之类的书，搞了一套电话营销的话术。假期的时候，在家拉几根电话线，弄几台电脑，找三五个实习学生（我就是当时的假期实习学生之一）就开始电话营销他的蒸汽洗车机了。遇到的问题肯定有很多：有的时候好几个月都卖不出去一台，还不起工厂生产机器的加工费，父母也不是很理解他。在一点点做的过程，他不断改进自己的机器，对蒸汽洗车市场有了进一步的了解，也认识了很多中小企业的创业者，经过几年的摸爬滚打，他现在有了相对稳定的销售业绩，做得相当不错。在我看来，当时他的创业准备完全不足，似乎连三分之一的准备都不到，凭着自己的冲动和热情，以及后来不怕失败与坚持的精神才有今天这样良好的局面。现在再投入这个行业的人也许比他有钱，但是没有他经验多、技术强，对市场认知足，可以说我的这位老师抓住了最好的时机。

我们做事情只要有必要条件就可以行动了，不必等到充分必要条件都满足，一是很难有条件都满足的时候，二是即便等到条件都满足的时候，往往会错过最好的时机。我虽然也坚信人生中确实有很多等待是必需的，像越王勾践的十年生聚，十年教训，韬光养晦，重新振作，但是更多的事情要我们及时行动，不然就是蹉跎岁月，浪费青春。

有多少爱可以重来？这世上有成千上万种爱，但从没有一种爱可以重来。有多少青春可以重来？这世上有成千上万种青春，但从没有一种青春可以重来。

## 去做的屌丝，才有逆袭的可能

上周我参加了一个项目的竞标，我们和对方接洽的时间比其他三家公司都晚，竞争对手的实力都比我们公司牛逼，有一家简直就是行业里的高富帅啊，对方市场部的联络人还对我们参加这次竞标多加阻挠。各种明示加暗示让我们不要参加这次竞标，所以他们连公司的介绍资料都没让上司看，甚至流露了他们基本确定了合作单位的意思。虽然知道我们公司这次去竞标充当的是个陪标的角色，但真心想和对方建立业务上的往来，所以我们还是认真地准备，还想找第三方帮我们做创意方案，对方因为觉得获胜的机会很小就放弃了。我们只好自己做，加深对项目的了解，积极地沟通，从方案到报价都做得很认真，然后去参加竞标会议。在开会和会议结束后，我们都感到出乎意料，原以为对方不愿和我们多沟通，没想到对方和我们谈了一个多小时，提了自己的修改意见，还让我们继续参加下一轮的竞标。我们公司跟高富帅的竞争对手比起来，技术、产品、品牌都弱很多，是行业中真正的屌丝，但是我们是屌丝中的战斗机。虽然最后输赢结果还不知晓，我自以为这事情称得上“屌丝的逆袭”。逆袭的要点在于：我们去认真做了。

在回来的路上，我和同事聊天，她说：“就算这个项目没拿下，我们也是很有收获啊，对这个区域，对他们公司和这个项目都了解不少呢！”我深表赞同。通过观察和经验，我发现那些稍微准备就去干的人和非要准备充分才去行动的人最大的区别就在于对人生的认知不同。前者认为人生是各种体验的集合，后者认为人生是各种成功的档案。因此前者往往充满活力和冒险精神，充满勇气和自信。注重过程，乐于接受变化和挑战，不惧怕失败，情绪乐观，面对失败也较轻松和正面，觉得至少能收获一份经验。这样的人常常大胆尝试，敢于打破规则，愿意去做许多未知的事情；后者则畏首畏尾，缺乏勇气和自信，全然以目标为导向。害怕变化和挑战，也非常害怕失败，只要一失败简直会要了他的命，压力沉重，甚至陷入无法自拔的沮丧和毁灭之中，这样的人因为很多的不敢为，所以经历的事情也比较少，囿于自身思维中的各种限制，躲在自己认为的安全区中。

一个人对失败的认识决定了他行动的勇气，无论在做事还是恋爱上，如果一个人只能从失败中看到失败，得不到任何的经验和教训，看不到任何正面的启示，我想他会一直失败下去，不，也许他只会失败一次，连第二次尝试的勇气都没有。

## 屌丝逆袭的不完全指南

当年自考的时候，我考了三次才过了那门该死的《社会学概论》（天哪，那本书有四五百页，我啃了N遍，前两次都只考了56分，真是痛苦不堪的过去啊）至今让我印象深刻的一章是“标签理论”。它是以社会学家莱默特（Edwin M.lement）和贝克尔（Howard Becker）的理论为基础而形成的一种社会工作理论。“一个人被贴上‘标签’，是与周围环境中的社会成员对他及其行为的定义过程或标定过程密切相关的。”屌丝就是这样一个标签！

前几年香港有个阿伯说：“你有压力，我有压力，人人都有压力。”成为语录。纵观现在社会中的大多数人，也是：“你是屌丝，我是屌丝，人人都是屌丝。”还有那些好逸恶劳，不思进取的高富帅们或者富二代们，同样也是屌丝，甚至连屌丝都不如。屌丝这个标签，充满了诱人的气息，有的人把它当作自己堕落的借口，躲了进去，让其提供的藏身之所，获得暂时的舒适与安宁。有的人则不断努力，超越了他们。你是怎样的人，一切就看你的选择。

年轻的屌丝想逆袭还是很有机会的。个人提供一些屌丝逆袭的不完全指南：

一、认真去做。我始终不理解“认真你就输了”这么错误傻逼的话怎么还会有那么多人口口相传。事实摆在那里，无论做事情还是谈恋爱，只有“认真”二字，才会有赢的可能与机会。比如我上次的竞标事件。

那些在感情上假装、做作与玩弄的人，扬扬得意地说：“因为我不认真，所以我也不会受伤。”我是很鄙视的，难道你为了获得那短暂的性乐，花的那些假情假意的时间不算浪费吗？浪费自己的时间，难道不是对自己人生的最大伤害吗？我也从不认为他们会比认真诚挚的人能收获到更多的幸福，也许真诚的人会更容易受伤，但是受伤也比空白与虚度要强很多。遇到喜欢的姑娘就大胆地去追吧，真心的小伙子才有打动好姑娘内心的机会。

二、不怕失败，多多尝试。我觉得很多年轻男生对小女生喜欢大叔这事的认知是比较片面的。在婚恋博弈中，二十三四岁的年轻小伙子以为自己和三十岁以上的大叔相比，输在财富积累的多少上，说白了就是认为自己钱太少，殊不知大多是输在人格魅力上。所谓的人格魅力包含的内容有很多，比如成熟、踏实、睿智、博学、温柔、耐心、宽容大度，眼界开阔、懂得克制、人生阅历丰富等。但是这些都是经历带来的，一般来说，一个男人经历的事情越多，解决过的问题越多，他就越有人格魅力，因为很多事件的解决都需要依靠以上我提到的那些特质。当然，年轻的屌丝们也有很多优势，比如比大叔真诚，比大叔年轻精力旺盛等。年轻屌丝想逆袭，只有多多去做事。如果从大学一年级开始就认清现实，多尝试去做一些事情，用真实的做事经历来塑造自己，而不是沉迷于网络游戏、酒精和玄幻小说，那么，毕业之后应就能收获到一些人格魅力。

三、多看书、多思考。获得知识的第一途径就是体验，你的经历会让你获得知识。比如，你经过一条路，没注意地面有个坑，摔倒了，磕破了皮，下次再经过这里时你就会小心，不会再跌倒。其次就是阅读，阅读是增加知识，充实自身的重要手段，它突破了个体体验的局限。你可以从书上看到他人成功的经验，但更重要的是从书上看到别人失败的原因，思考、总结失败的原因，你才更容易减少失败，获得成功。人生命的长度是有限的，但是知识却可以拓宽生命的宽度。一旦你获得丰富的知识，你就拥有了别人夺不去的资源。李欣频说："当你匮乏时不会有人把资源给你，只有当你真正丰富了才会给你。" 当你真正做到踏踏实实地完善自己、丰富自己，专心做可以提升自己的事情，学习并拥有更高的技能的时候，很多机会就会降临到你身上。毕竟，机会总给那些有准备的人。

四、建立自己的牛人档案和梦想清单。把你做过的自认为牛逼的事情记下来，遭受打击，心灰意懒，感到绝望的时候，拿出牛人档案看一看，然后告诉自己有多牛逼。一个人需要一样东西，它可以时刻活在自己的内心，让自己与众不同的，那就是梦想。我看过一部叫《遗愿清单》(Bucket List)的电影，由摩根•弗里曼(Morgan Freeman)和杰克•尼克尔森 (Jack Nicholson )两位老戏骨主演，故事说起来很简单：两个濒临死亡的老人去完成他们在病床上拟下的遗愿清单。你也可以列下你的梦想清单，然后一件一件去实现它，像遗愿清单中的主人公一样，做到一项就画掉一项。

牛人档案总结过去，激励自己，给自己信心与勇气；梦想清单展望未来，引领自己，给自己方向和目标。

五、从爱你的人那里获得支持。有一次我面临一个工作上的难题，陷入糟糕的负面情绪之中，觉得肩头有千斤重压，想着自己住在租来的房子里，举目无亲、能力不足，没钱、大龄、单身、还长得不漂亮，人生灰暗，没有希望（是人总会有这样的悲观时刻）。我给我父亲打电话，眼泪在眼睛里打转，我弱弱地问我爸：“我是你的骄傲吗？”他说：“你不仅是我的骄傲，还是你妈妈的骄傲，甚至是爷爷奶奶、叔叔婶婶们的骄傲，我们家三代都是扛着锄头谋生的，而你用脑子用笔去工作，比起来不知道超越了多少！”听完我流泪了，不是因为难过而是因为被我父亲激励到。杨千嬅和古天乐演的那部香港喜剧《干柴烈火》里，杨大嘴动不动就大吼那句：“我家四代开医馆。”我现在可以很自嘲很坦然很大笑地说：“我家三代都是贫下中农。”因为我内心大大方方地接受了这个事实，还因为有爱我的家人给我支持，我一点儿都不害怕，充满了超越的勇气。

李宁的广告语“anything is possible（一切皆有可能）”这句话并不正确，因为缺少了一个前提，我改了一下，加了句Nike的广告语，相信中西结合疗效好，居家旅行出门必备：“Just do it，anything is possible（只管去做，一切才皆有可能）”，与大家共勉！

# 宁要一个完成，不要千万个开始

一天一个朋友兴冲冲地跑来和我分享好心情："meiya，我开始跑步了。"

"跑多久了？"

"没多久，我在一家健身中心办了年卡。"

"去跑了几次啊？"

听我这样一问，朋友忽然有点儿不好意思，挠着头说："办了三个月，只去了一次。"

我的龟毛性子上来，又喜欢说教："其实真的没必要办健身卡，办那玩意儿真的没用。据说有一个健身中心做了调查和统计，办年卡的人中有70%的人一年只去健身一两次，哎呀，你说这样多浪费嘛！哎呀，人就是喜欢开始，却做不到结束嘛……"说到这里我自己忽然顿住了。一方面是因为我发现朋友的脸色变得很丑，就像动漫人物一样，额头上三道黑线，另一方面，我的内心又响起了："你还好意思说别人爱开始，却做不到结束，想想你自己学习英文的经历吧。"

一年前，我就下定决心开始好好学习英文，提高自己的英语口语能力，可是如今我的英语水平依然原地踏步。在英文学习上，我通常两天打鱼三天晒网，想起学习来就去看一篇英文短文，听一听BBC或者VOA的新闻，如果没想起来，好几天我也不会碰英文。我总是有很多计划，今天计划着要好好看一集美剧《老友记》，从中认真学习几句俚语；明天计划着认真听完某一个月BBC的30篇新闻，练习听力，积累词汇；后天计划着把那本朋友送我的《时尚英语》看完，背几句时尚地道的口语，同时背一本研究生英语词汇……我就这样不停地计划着，一年过去了，我不仅看了《老友记》也看了《绝望主妇》，但是都只看了几集，剧情已经不记得了，主人公们的对话我一句都没记住，更别说记住几句地道的俚语了。听力也是同样的宿命，我不仅听了BBC、VOA，还有疯狂英语、新概念英语，甚至还听了一个RCI和一个CRI（加拿大国际广播电台Radio Canada International，简称RCI；中国国际广播电台China Radio International，简称CRI）电台的节目。这么多的听力材料，任何一样我都没有长期坚持听下去。那本《时尚英语》的书命运如何呢？近一年来，我只看了前面30页……在英语学习上，我有千万个计划，但是任何一个计划都只是个开始，于是我有了千万个开始，却没有一个完成。

其实，不仅学英文是这样，做家务我也常是这样，衣服洗到一半想拖地，拖地拖到一半想洗碗，碗还没洗完又想着整理书架，书架整理一半又想去煮奶茶喝，于是常常东摸西摸，一个上午过去了，真正完成的家务没两件。

还有我的读书状态也是这样，我在读的书常常有三四十本，只有不到五分之一的书我会从头到尾全部看完，大多数情况是这本书看了十几页或者几十页后我又去翻开另一本新书，很多书我只看开头，看不到结尾。

想着这些，我的脸色也跟朋友一样难看了，两个“开始爱好者”惺惺相惜，坐在一起开始唱起了忧伤的歌儿：“开始是一种病，当你在坚持完成的另一边，我在开始的路上没有尽头……Oh，不断开始是一种病一种病。”（我觉得我可以做个填词人什么的。）

其实像我们这样的开始爱好者还有很多，不仅有健身中心版的、英语学习版的，还有学瑜伽学舞蹈版的，以及孝顺父母版的、长期旅行版的和节食瘦身版的。所有的这些学习计划因为没有坚持下来，都一无所成，没有进步；所有的减肥瘦身计划也因为没有坚持下来，毫无成效，你还是一个跑两步喘得很的胖子……

大家应该很有体会，开始一项计划会让人心情愉快，觉得生活从此开始改变，一切充满了力量和希望，焕然新生，令人兴奋，但是执行和落实计划却令人痛苦不堪。于是，很多人无法坚持，放弃之前的计划，去选择另一个开始，继续享受着开始几天的快乐，有的人甚至进入了不断开始，没有尽头的恶性循环之中。

有很多朋友给我写信，说到自己做很多事情三分钟热度的问题，这跟我不断开始、没有结束的问题本质上都是一样的——无法坚持。我渐渐意识到做一件事，开始的兴趣带来的热情只是最初的火种，想要形成燎原之势还需要我们持续不懈地投入。人是因为对一件事情干得越来越好才越来越有兴趣的，不是对什么感兴趣才干得好的。这是我从自己写作上总结出来的经验，一开始因为兴趣而写，然后坚持写，不断写，写得越多才会越好，因为写得好会生出持续不断的热情来，然后继续写下去，这样就形成良性循环。（不变相表扬自己你会死啊！）

我见过很多情侣恋爱谈了七八年后分手的，或者谈了多次恋爱之后就难以再维持一段长久恋情，进入婚姻的。其实谈恋爱是这样，做事情也是这样，开始总是有一股热乎劲，要坚持下去却不容易。坚持意味着需要放弃一部分享乐去直面痛苦，每个人都贪图享受，害怕痛苦，这是人的本性，所以坚持是很难的一件事。

虽然无法坚持是人的本性，但并不是说没有克服的方法。如何拒绝千万个开始的诱惑，去坚持一个完成呢？面对我失败的英语学习计划，痛定思痛后我做了一些总结，这些总结其实都是老生常谈，希望对像我这样的“开始爱好者”能有一点帮助。

1. 冷却处理。当有开始冲动，准备计划一个长期目标之前先抑制一下自己火热的内心，对其进行冷却处理一段时间。这段时间，不去制订任何计划，不采取任何行动，这个时间以一周为宜。这一周的时间可以帮助你淘汰掉那些只是一时冲动的开始，减少精力的浪费。如果这一周过去了，你还有想开始的热乎劲那再开始，这至少能说明你是真的很想去做这件事，这种“真的很想”的热情会推动你有一个好的开始。

2. 从小到大。制订一个长期的计划（目标）后要把计划（目标）分解成无数个小目标。因为长远的计划会让人觉得遥远模糊，无法确定。如果我问，三年后你会在哪里？相信很多人都答不上来。但是如果是问三天后你会在哪里呢？相信很多人立马就能给出答案。把大目标分解成具体的、可以客观判断的、还要在规定时间内完成的子目标。比如你计划一年的英语听力，你可以分解成一周坚持听

210分钟，每天听30分钟，这30分钟只听BBC一则。目标越具体越有利于完成，每次分解的小目标都必须有强制的deadline，这不仅是尊重自己的计划，也有利于后续计划的展开和实现。

3. 对小进步及时进行自我奖励。这一点我多次提到，20年来也常常应用，屡试不爽。当你制订一步一步的计划有进步的时候，就要及时对自己奖励，奖励不分大小，不在乎形式，但必须要有。我发现一个孩子遵守良好的行为规范时，如果被大人及时表扬会产生更多更良好的行为规范。在心理学和管理学上把这种行为叫作“正强化”(positive reinforcement)，“任何增加我们进行良好行为的可能性结果。就是奖励那些符合组织目标的行为，以使这些行为得到进一步加强，从而有利于组织目标的实现。”我们每个人心里都住着一个需要被肯定的小孩。小目标完成后给予及时的小奖励会促进自己去实现更大的目标，大目标完成后更要好好犒赏自己一番，比如出国旅行，买一直舍不得买的单反相机。（其实我就是变着法儿给自己送礼物！）

4. 把你的计划告诉别人。很多朋友不会把计划告诉别人，害怕有压力，可能是我比较爱慕虚荣的缘故吧，每当我把自己的计划告诉身边的朋友之后我会更有动力去做这件事。因为我很害怕当朋友问起我的计划进行得如何的时候，自己没有做而无法回答，感到羞愧和尴尬，为了避免羞愧，我会让大家都知道我正在执行计划，使之成为我的动力，这也是一种无形的督促。去西藏旅行，坚持跑步，学习英语这些计划我都有告诉朋友，前两项计划的实验表明了此方法的有效性，学习英语在目前阶段表明了它的无效性。

5. 每天都想象完成。想想那些你完成计划后将会发生的好事，如果你实现了目标，你会怎样快乐，获得怎样的成长，有怎样不一样的生活。给自己勾画一幅美好的愿景，它有一种强大的力量去推动你前进。我的各种旅行计划的实现都有赖于这种美好的想象。在英语学习上每当我想象自己学好之后，能和老外神侃的画面我都会热血沸腾地学上一会儿，虽然只是学上一会儿那也比不学强吧。（我这是在安慰和麻痹自己呢。）

6. 记录目标进展。每天花一点时间记日记，制作表格或者曲线图。这些记录都清晰地展现了自己的每一步成长，做过项目管理的童鞋对此一定得心应手。把自己的计划当作一个项目来管理，这有利于很好地推动计划前进，看到已有的成果时也更会坚定信心，不易心生放弃。假设你制订一个 20 周的减肥计划，每周都记录一次体重，制作曲线图，当你看到前三周的体重曲线图呈现下降趋势，你一定会更有信心和动力去执行你的减肥计划。（如果是上升趋势曲线，怎么办？那你就当眼瞎没看见吧！）

7. 早睡早起，建立良好的作息时间。（这一点看起来好像对完成任务没有一丁点儿关系，实际上关系大着呢。）这是我在坚持晨跑一年多后获得的重要心得之一。我常常在心里告诫自己的一句话是："你所有的大计划不能实现，只有两个小问题：早上起不来床，晚上下不了线。"良好的作息时间有利于保证计划的实现。比如，你制订周末 6 点起床晨跑的计划，可是你前一天夜里 2 点才下线上床睡觉，要执行这个计划多少就有点儿痴人说梦了。通常，我早上的效率会比较高，所以我喜欢早起，利用早上的时间做自己认为更重要的事情，比如跑步，比如写作，我认识的大多数人包括我自己在内，熬夜和贪睡之后不仅脑袋昏昏沉沉影响第二天的精神状态，还会产生不安和自责的情绪，这种情绪也非常影响白天做事。早睡早起，拥有规律的作息时间，很多目标都会得以实现。比如，早 7 点学习英语一小时，或者读书一个小时等计划。

# 想到达明天，现在就要起程

我非常喜欢一部喜剧电影，叫《偷天情缘》(Groundhog Day)，也译作《土拨鼠之日》。由 Bill Murray 主演的菲尔（Phil）是个气象播报员，每天除了在摄像机前给观众做风趣幽默的天气预报外，每年的 2 月 2 日他还要到一个名为普苏塔尼的小镇报道当地的土拨鼠日庆典。这是他第四次报道这场节日，实际上他对这一节日嗤之以鼻，并对自己的工作心生厌倦。当他例行公事完成今年的报道后，便急着回家，在回去的路上却遭遇一场暴风雪，使得他不得不继续留在这个小镇上。

第二天早上六点钟，他被闹钟吵醒，发觉周围的一切都是昨天的重演，刚开始他紧张、迷茫、不知所措、怀疑这一切都不是真的，度过这样的一天后，早上六点钟闹钟一响，他又迎来了 2 月 2 日，生活仿佛被上帝下了诅咒，他重复着同样的土拨鼠节。接着他从最初的迷茫变为狂喜，因为他预知接下来的时间里会发生的一切事情，由生活的不确定性产生的恐惧消失了，他开始无视法律和道德，利用这个机会干尽坏事，泡妞变得易如反掌，抢银行也毫无顾虑。他开始追求女制片人，失败之后，他更加厌倦这样重复的生活，尝试各种自杀方法，撞车、跳楼、上吊、自焚……无论当天他的生活怎样，第二天六点一到，噩梦又将重新开始。

后来他恍然醒悟，不再迫不及待地逃离2月2日，而是转变自己的生活态度，每天像赶场一样到处帮助别人，改善自己的人际关系：接住从树上掉下来的孩子，给街头老人食物，给同事带去了早餐，和老同学交谈，不刻意讨好心上人，即使要破坏和她的约会，也要赶去救一个噎着的老人。他开始学习和完善自己：博览群书，学习诗歌，练习钢琴，学习冰雕……原本自大傲慢、尖酸刻薄的他变成了助人为乐、真诚友善、多才多艺之人，也成了全镇最受欢迎的单身汉。最终，他赢得了女制片人的爱情，结束了完美的2月2日， 2月3日清晨的阳光照耀在这对幸福恋人共度良宵之后的屋顶上。

这部电影让我印象深刻，给我很大的触动和启示。

第一个启示：接受你不能改变的，改变你可以改变的。

美国有个匿名的戒酒协会，它有一则誓词非常有趣：“感谢上帝告诉我们有些事情不可改变，感谢上帝给我们力量改变一些事情，感谢上帝让我们区别这两件事情。”当你不能改变外界环境的时候，你就要接受它。电影中菲尔刚开始不能接受自己“一直停留在2月2日土拨鼠日”这一事实，对周围的人和事充满了厌倦，后来还妄想通过自杀解决这一问题，显然他失败了。如果你暂时没有能力改变环境，那就先接受环境。一个人只有接受现状后，才能往新的方向走，与其做些无用的举动，消耗精力，就像菲尔用自杀来逃避问题一样，还不如去看看你可以改变什么，从现状去创造你想要的生命乐趣与价值。

如果你没办法改变外界，你可以先改变自己，因为至少自己是可以改变的。当菲尔接受了自己的现状，开始着手改变自己，变得助人为乐，真诚善良时，他周边环境因为他的积极主动的创造也发生了改变。当你把注意力集中在自己身上，完善自己时，你的人生也会跟着变得美好起来。接受你不能改变的，改变你可以改变的，并能够分清这二者之间的区别是人生需要学习的智慧。

你除了改变自己的行为，还可以做到改变自己的态度。有的时候我们并不是单单被困难、挫折这些事情本身所击败，还会被自己面对这件事情的态度所击败、所伤害。对一件事情负面的态度往往会损害我们的信心，消磨我们的斗志。面对同样的半杯水，有的人说，只剩半杯水，还有的人说，还有半杯水。不同的态度，会有不同的人生。通过改变自己的态度你能改变自己的世界。我有个朋友刚入会计这一行时要考一个会计上岗证，只有拿到这个证书她现在的工作岗位才能更稳固，薪水才能上涨。她是非常讨厌和恐惧考试的，但是认识到这次考试的重要性，她决心改变自己对待考试的态度，给自己积极的心理暗示，通过了就等于涨工资，由讨厌变为喜欢，由消极备考变为积极学习，最后她真的通过了考试，也涨了薪水，这使她很有成就感。通过自己的努力，获得了证书，自信心也因此提升了不少。

当面对人生的挫折、不顺、挑战时，只有拥有积极的思维方式和人生态度，以及乐观向上的精神，才能克服困难，走向美好的未来。

第二个启示：不要低估今天的价值。

电影中的菲尔经过无数个 2 月 2 日，在各种自杀未遂，浪费许多时间之后才开始学习助人为乐，学习各种才艺。现实中并不会总是停留在2月2日，2月2日一过，就变为2月3日，再接着一天天过去。如果你浪费了今天，是没有另一个今天可以让你重新来过。时间的浪费是永远无法弥补的，就像奔腾不息的河流，永远无法逆流。

儿童时我觉得人生是曲折而漫长的，现在我还是觉得人生是曲折的但并不漫长。初高中感觉像坐绿皮火车，大学感觉像坐动车，工作这三年感觉像坐高铁，不知道再过几年，我是不是有坐上火箭的感觉。相信大家都有这样的感觉：小时候一年过得很慢，总是盼望暑假的到来，暑假却总是姗姗来迟，总是盼望自己快快长大，可是似乎过了好久才长了一岁。但是大学、工作以后的日子就像大风吹书页，哗啦啦地翻过去，一眨眼，一年就过去了。年纪越大时间过得越快，这是普世感觉，不管你生活在哪里，属于什么种族，这种当你一年年老去时，时间似乎一年年越过越快的感觉是同样的。为什么会有这样的感觉？科学家们有三种理论，其中一种解释是：同一时间段在不同人生年龄段所占比例不一样。当你10岁时你生命中的一小时、一天、一个月和一年跟你40岁时的一小时、一天、一个月比重不一样，年龄越大，同一时间段的总比例就越少，所以会觉得过得快。正因如此，随着岁月的流逝，我们更应该加倍珍惜自己的时间。

在我们的生命中，每一天都是崭新的，每一天也都是无价的，甚至每一时每一刻都是崭新无价的。因为失去了今天你将再也无法时间倒流，重新来过。我们总是有各种各样的借口去拖延我们原本想要和应该做的事情：今天很困，明天再学习吧；今天要玩，明天再努力吧；今天的工作可以再拖拖，到明天再做吧；今天很忙，明天再带家人出去玩吧；今天很累，明天再陪陪孩子吧……我们还总是有许多美好的错觉用来自欺欺人，比如：明天会更好，反正还有时间，以后总有机会……于是就这样，我们错过了许多美好，失去了许多机会，浪费了很多时间，但是我们自己却没有觉察到这一点。于是我们就这样浪费了一个又一个今天，一切等明天再说。可是明日复明日，明日何其多。事实上，我们不是拥有很多时间，而是我们浪费了许多时间。如果要努力，要改变，从今天就开始吧，不要低估了今天的价值，从今天开始，从现在就行动起来，只有每天一点点去靠近你的梦想，你的梦想才会成真。

第三个启示：想到达明天，今天就要起程。

我们的生活何尝不像电影中的场景，也是一天天地重复。今天是昨天的重复，明天是今天的重复，但是对于每个人来说，在我们的一生之中，每一天都是不同的，每个人都只有一个今天，而我们常常把完全不一样的每一天都过得一样。摒弃重复无聊的日子，迎来未来精彩美好的生活，这都是我们每个人一直期望的，但对大多数人来说，这样的生活简直就是奢侈，因为我们习惯对自己日复一日的生活产生依赖感和麻木感，生活产生的巨大惰性会拖垮我们，我们宁愿麻木不仁地生活，安全地受困也不愿冒险改变。因此，我们并没有精彩美好的未来。

也许你不会像《偷天情缘》中的菲尔一样被诅咒：如果过不好今天，就无法到达明天。但是你的每一个明天都是今天的写照，无数个明天就是今天的翻版，我们的今天指向我们的未来，我们的未来美好程度代表了我们过去努力创造的程度。如果你过不好今天，那么你也很难过得好明天。试想一下：一个无聊空虚的今天过完之后，你会有一个充实美好的明天吗？如果你能把今天过到极致好，好到自己都不想离开，那么你的明天自然就会到达，而且是散发着璀璨光芒般到来。就像电影中的主角一样，他最后一天是多么完美和充实啊。他热心助人，参加社区的聚会，和乐队一起演奏钢琴，得到自己心动女生的爱，成为镇上最受欢迎的单身汉。当自己的2月2日过得无限美好，无比充实，好到不再想离开之际，他终于迎来了2月3日初升的太阳。

有人说得好：我们不应该把完全不一样的每一天过得完全一样，我们应该把完全不一样的每一天过得完全不一样。我们必须承认，我们所过的今天，无论好坏都是我们过去的行为导致的结果。如果我们今天过不好，那是因为我们过去不够努力。过去已经无法改变，我想只要我们下定决心过好今天，从今天起去改变、去发现、去寻找、去创造，那么，我们的明天就会不一样，我们不远的未来就会更精彩。很多人会抱怨环境的阻碍，哀叹生命的短暂，后悔以往的种种不是，但是这些都不是明智之举，只有脚踏实地过好今天，我们才能迎接更美好的明天。

我们今天努力付出，是为了不虚掷光阴，是为了对得起自己的内心，也是为了收获将来更美好的生活。菲尔每一天都努力学习钢琴、冰雕，最终能和乐队一起演奏了，为心爱的女生雕塑。如果你希望未来的自己能说一口流利的英文，那么今天就开始学习吧；如果你希望未来的自己能掌握一门乐器，那么今天就找个老师上课吧；如果你希望未来的自己博学多才，那今天就看一本书吧；如果你希望自己爱上将来的自己，那么今天就开始改变和完善自己吧。你现在走的每一步都指向你的未来，与其悔恨过去不努力，担忧未来不美好，不如脚踏实地地过好现在。如果你想到达明天，那么今天就开始起程吧！

# Part 2

## 痛，要转换

# 你虽脆弱，但必坚强

给每一位在生活中长跑着痛哭的人

对我来说，一个人伏案写作三四个小时，一个人安静地看书一两个小时，一个人默默地跑步一个小时，一个人在家做饭，一个人散步听音乐，一个人去电影院看一场电影，我都不觉得寂寞，我甚至可以一个人跑到餐厅点菜吃饭也不会觉得有什么别扭之处。总之，只需一个人做的事情，我可以列举出许多。但我并不认为自己孤僻，我只是不以独处为苦的那类人罢了。

从小到大我都过着集体生活（14 岁就上寄宿学校了）直到现在参加工作三年了，我也还是和大学同学一起生活，融入集体，与他人一起生活、相处。我想自己是完全没有问题的，但是我确实常常需要一个人待着，尤其是在跑步的时候，我不怎么喜欢有朋友陪伴在身边。有朋友说要和我一起跑步，或者说站在旁边看着我跑步、陪着我跑步，表面上我会乐呵呵地说好，实际上心里并不情愿。坦白说，因为我常在长跑时哭泣，因为我常在长跑时与自己的痛苦相对，所以我更喜欢一个人跑步。（第一次对着大家坦白出这个原因，还真有点不好意思呢，但是我绝对不是每次跑步都哭的鼻涕虫！）

当我跑步时痛哭着，我想了些什么？无非是生活中那些琐碎的、痛苦的、无聊的、无可奈何的事情，比如，工作上的压力与困难、爱情上的忧伤与磨难、家庭上的愁苦与麻烦。我在长跑时想着这些痛苦，就会哭泣，如果跑步的当天遇到或者想到的痛苦比较大，我就会痛哭；如果跑步的当天遇到或者想到的痛苦比较小，只会挤两滴眼泪意思一下。即便痛哭，我也不会停止奔跑。如果有个电影中的特写镜头，正对着我痛哭的脸，我知道一定难看极了，但是就像我不能停止奔跑一样，我也不能停止痛哭，只有在长跑着痛哭过，我才可以释放那些日常生活中累积下来的心灵痛苦，我才能看到自己身体中蕴含的力量与勇气，我才能真正接受自己的这份痛苦，了解自己的脆弱，然后想着如何去解决这些痛苦。

在生活中我常常会忘记人生中那条最伟大的真理之一——人生苦难重重。

在电影《这个杀手不太冷》中小女孩玛蒂尔德又被父母揍了一顿，鼻血直流地站在家门前的走廊上，莱昂从外面回来，经过她身边，给她递了一块手帕擦鼻血。

Mathilda： Is life always this hard, or is it just when you're a kid?

玛蒂尔德：人生总是这么痛苦的吗？还是只有童年痛苦？

Léon： Always like this.

莱昂：总是这么痛苦。

作家大卫·福斯特·华莱士曾说过：“忍受痛苦是我们活在这

个世上无法逃脱的一项内容。”

生活就像王小波在《黄金时代》中说的那样个缓慢受罪的过程，生活中的每一个人也像加缪《西西弗的神话》里的那个西西弗一样，不停地重复地痛苦地把石头推向山顶，直至死亡，人生的痛苦才彻底结束。

可是我总是容易忘记这一点，每次遇到生活中的那些苦难我总是先耿耿于怀，想着：哎呀，我怎么这么苦这么累啊，压力这么大啊，生活这么悲催啊。当我在长跑时痛哭过，我终于再次平心静气地接受了这个事实。对生活给我的那些磨难懂得照单全收，承认自己的脆弱与无知，清楚自己这样耿耿于怀没有一点用，然后开始真正面对痛苦，冷静下来想着如何去解决问题。

能通过坚持去解决的问题那就拼着命咬着牙坚持下去。

能凭借积极行动解决的问题那就积极行动起来。

能依靠他人的帮助解决的问题就赶紧去求助他人。

每次在长跑中痛哭过，接下来的我大致能维持大半个月的“正常”状态：稳定的情绪，积极的态度，正面的思考和努力的行动。然后迎接下一次长跑着痛哭的时刻。

越是长大我越是害怕别人夸赞我坚强，因为越是长大越是有自知之明，越是了解自己的脆弱与无奈，也越是明白自己根本担不起这“坚强”二字，但在这些奔跑着痛哭的时候，我知道自己虽然脆弱，但必坚强。其实，又有谁不是这样长跑着痛哭着在生活呢？每一个人的人生不就像一场痛哭着跑完全程的超级马拉松吗？

在豆瓣上自从被关注人数渐渐多了起来以后，给我写豆油的朋友也越来越多了，我想我至少看了 300 封豆油了。他们的痛苦几乎没有重样的。有的人有身体上的缺陷，这缺陷各有不同，有多一个脚趾的，有过度肥胖的，有做兔唇修复手术不是很成功的；有的人与父母有矛盾，这矛盾又各不相同。有父母逼着相亲的，有父母反对目前自己从事的职业的，有父母反对自己离乡发展的；有的人面临着爱情的痛苦，这痛苦又是各不相同。有伴侣出轨的，有因买房结婚问题吵架的，有爱上有妇之夫无法自拔的；有的人承受着人际关系上的压力，有与舍友处不好、摩擦不断的，有与闺密相互误会伤了感情的，也有同事间钩心斗角，心累不已的；有受困于工作上的烦忧的，有做着自己不喜欢的工作的，有工作压力大到失眠的，有难以适应办公节奏的……

就像一千个人就有一千个哈姆雷特一样，一千个人也自有其一千种痛苦，也许还不止，一千个人有一万个痛苦，这些痛苦一个完了又会来新的一个，甚至好几个痛苦一起来。有时我会想如果我在街头，在地铁站里，在人多的餐馆里，在购物的商场里采访遇到的任何一个人，问他们一个问题：“你觉得自己的生活中有过痛苦吗？” 我想我得到的答案大多都会是：“有过痛苦。”20 多年来，我未见过一个不痛苦的人生。

痛苦就像一棵生长茂盛的大树，一个痛苦的主干，这叫人生，其他树干是人生的许多组成部分，事业、学业、爱情、婚姻、家庭，接着是无数分叉的树枝连着无数的树叶，而这每一片树叶就是具体的每一个痛苦。

没有不痛苦的人生，人生苦难重重，人生就是不断面临和克服一个个痛苦的过程，对这一事实，你必须心悦诚服。不要试图做任何的抵赖和逃避，因为这对解决痛苦没有丝毫用处。

这几日我又重读村上君的《当我谈跑步时，我谈些什么》，里面的很多话让我产生共鸣，因为我也是这样跑步的。

“当你不顾一切地坚持跑完，便觉得仿佛所有的东西都从躯体最深处挤榨了出来，一种类似自暴自弃的爽快感油然而生。”

“当受到某人无缘无故（至少我看来是如此）的非难时，抑或觉得能得到某人的接受却未必如此时，我总是比平日跑得更远一些。跑得长于平日的距离，让身体更多地消耗一些，好重新认识自己乃是能力有限的软弱人类——从最深处，物理性地认识。并且，跑的距离长于平日，便是强化了自己的身体，哪怕是一点点。发怒的话，就将那份怒气冲着自己发好了。感到懊恼的话，就用那份懊恼来磨炼自己好了。”

还有一些话则让我备受鼓舞，说有个马拉松运动员的跑步真言是：Pain is inevitable，Suffering is optional。“关键词是这个optional。假使说，跑着跑着突然觉得：啊呀呀，好累人啊，我不行啦。这个‘好累人’是无法避免的事实，然而是不是果真‘不行’，还得听凭本人裁量。”伤痛无法避免，但痛苦的定义取决于我们自己。我们对痛苦的态度决定了我们对待生活的态度。如果你感受到痛苦其实说明你在成长。面对问题和解决问题的痛苦，能让我们得到最好的学习。美国先哲本杰明·富兰克林曾说过：“唯有痛苦才会带来教益。”

如果没有经历一边读大专，一边自考本科，一边打工的痛苦，当年经济危机毕业时的我不会那么容易找到工作，轻松地适应社会，也无法拥有如今这么强的自学能力，去学习职业上的技能。

如果没有经历过全心付出，深陷两年的失眠、暴食、失恋之苦，我对他人的痛苦情感没有那么深的同理心，我也不会去看那么多心理学的书，获得那些心理知识。

就像陈奕迅的歌《苦瓜》里唱的那样：

就像你当日痛心她回绝一番美意
怎发现你从情劫亦能学懂开解与宽恕
也像我很纠结的公事 此际回头看
原来并没有事
真想不到当初我们也讨厌吃苦瓜
今天竟吃得出那睿智越来越记挂
开始时挨一些苦 栽种绝处的花
幸得艰辛的引路甜蜜不致太寡
青春的快餐只要求快不理哪一家
哪有玩味的空当来欣赏细致淡雅
到大悟大彻将虎咽的升华
等消化学沏茶
至共你觉得苦也不太差

痛苦就是痛苦，我不会让你假装享受痛苦，但是请你转变下面对痛苦的态度，把它当作自己生命里不可或缺的磨炼。面对痛苦的时候你可以哭泣，但不要逃避；可以抱怨，但要有所行动；可以脆弱，但请热血地再坚持一下，真的是一下下就好了。

每个人都有自己的人生痛苦要面对、要解决，我甚至以为一个人所受的痛苦确立了自己在这个世界上的存在，痛苦是一个人认识自己的重要方式之一。

所以，请你不要短视自己的痛苦。你经受的每一份痛苦都是上天赐予你的一份神秘礼物（其实能这样想还真不容易），我希望你能从所受的每一份痛苦中获得学习、累积和成长。如果你经历的痛苦仅仅是痛苦，无法将痛苦转换成人生的养分，去灌注自己内心的坚强之花，那么你也许一辈子都痛苦脆弱，与坚强无缘，也找不到自己的存在感。

我知道，你虽脆弱，但必坚强，不是你必须坚强，而是你必定会坚强，因为你正走在变得坚强的路上。

# 人生已经如此艰难，我不能悲伤地坐在你身旁

兴许是春天来了，人的情绪起伏多变，容易伤春悲秋，容易感叹生死陌路。这几日在地铁车厢里、在家中、在图书馆读台湾作家刘梓洁的《父后七日》，总是又哭又笑，被作者独特的叙述深深打动，写父亲的葬礼，充满荒谬和戏谑，却又饱含深情，令我大笑之后又忍不住痛哭；写童年玩闹，充满童真又妙趣横生，令我忽然回到了还是乡下小女孩的过去；写游子思乡，讲述自己离乡独自在都市生活的点滴又令我感同身受，共鸣不已。

她这样写哭丧：我知道好多事不是我能决定的了，就连，哭与不哭。总有人在旁边说，今嘛毋驶哭（今天不能哭），或者，今嘛卡紧哭（今天使劲哭）。我和我妹常面面相觑，满脸疑惑，今嘛，是欲哭还是不哭？（唉个两声哭个意思就好啦，旁边又有人这么说。）

有时候我才刷牙洗脸，或者放下饭碗，听到击鼓奏乐，道士的麦克风发出尖锐的咿呀一声，查某团来哭！如导演喊 action！我这临时演员便手忙脚乱披上白麻布甘头，直奔向前，连爬带跪。

神奇的是，竟然每一次我都哭得出来。

她这样写火化：火化场，宛如各路天兵天将大会师。领了号码牌，领了便当，便是等待。我们看着其他荒谬兵团，将他们亲人的遗体和棺木送入焚化炉，然后高分贝狂喊：火来啊，紧走！火来啊，紧走！

我们的道士说，那样是不对的，那只会使你爸更慌乱更害怕，等一下要说：爸，火来啊，你免惊慌，随佛去。

我们说："爸，火来啊，你免惊慌，随佛去。"

他们甚至活得更轻盈，用父亲断气的时间数字去买彩票，每人出一百赌资，共六百，然后居然中了彩金共计四千五百多元，大家平分。

"不要隐藏泪水与脆弱，最坚强的人，总是平和地与它们在一起。"

她这样写后来的生活：我带着我的那一份彩金，从此脱队，回到我自己的城市。

有时候我希望它更轻更轻，不只轻盈，最好是轻浮。轻浮到我和几个好久不见的大学死党终于在摇滚乐震天响的酒吧相遇，我就着半昏茫的酒意，把头靠在他们其中一人的肩膀上往外吐出烟圈，顺便好像只是想到什么地告诉他们。

哎，忘了跟你们说，我爸挂了。

他们之中可能有几个人来过家里玩，吃过你买回来的小吃名产。所以会有人弹起来又惊讶又心疼地跟我说你怎么都不说，我们都不知道！

我会告诉他们，没关系，我也经常忘记。

是的。我经常忘记。

但是，它又经常不知不觉地变得很重。重到父后某月某日，我坐在香港飞往东京的班机上，看着空服员推着免税烟酒走过，下意识提醒自己，回到台湾入境前记得给你买一条黄长寿。

这个半秒钟的念头，让我足足哭了一个半小时。直到系紧安全带的灯亮起，直到机长室广播响起，传出的声音，仿佛是你。

你说：请收拾好您的情绪，我们即将降落。

这是一次能够令悲伤轻盈，给人勇气和坚强的阅读体验，让我想起了一些往事。

毕业后我们四个女生住在一间租来的小屋里，延续着大学宿舍一样的生活。送走北上的大姐，我们三个女生继续合住，某一日睡到半夜，同睡一张床的好友忽然坐起来接电话，我也跟着醒来，迷糊中看到好友一脸惊愕，然后整个人怔在那里。

我含糊地问："怎么呢？"

好友傻傻地看着我："我爸没有了？"

我没搞清楚状况："什么？"

"我爸没有了。"她终于明白过来，脸部已经开始扭曲了。我也终于清醒和明白过来。

那一刻清醒过来的我感到难以形容的巨大悲痛。深夜 3 点，坐在床上的两个年轻姑娘，被失去至亲的痛苦紧紧攫住，张开双臂，抱在一起，失声痛哭。哭了一会儿，抹了一把眼泪，我们起床收拾回乡的行李，空无一人的大街，天还是黑的，路灯还亮着，我们奔跑在去火车站的马路上，边跑边哭，这一天是中秋节。

好友的母亲在很年轻的时候因为丈夫过世而改嫁，然后 30 多岁的时候生下她，而今再次面对丈夫的离世，而且是如此突然的离世，这位遭受打击的母亲精神崩溃，一蹶不振。

葬礼过后，好友把母亲从乡下接过来和我们住在一起。平时帮我们做做饭，周末我们带她在上海四处转悠。好友母亲的情绪不是很稳定，常常一个人独自哭泣，为了逗她开心，我们几个常常自嘲打趣，各种搞怪，笑到肚子疼，用手抱着肚子继续笑，小屋里常常充满了欢声笑语。老太太做饭的时候，我跑过去偷吃一块菜，拍一下她的屁股，喊一声“美女，你好性感哦”；晚上在路边散步，看到绿化带边上长了几束小黄花，就摘下一朵，插在耳后，在她面前学起媒婆的仪态，扭起秧歌步；周末去滨江大道看外滩风景，三个人买了草莓圣代，依次对着镜头伸长舌头舔冰激凌，然后看着镜头拍照。想象一下，照片的前景是带着皱纹，伸长舌头舔冰激凌却非常欢乐的一张老脸，背景是外滩的万国建筑群和滔滔不绝的黄浦江水，别提多搞笑了，当时三个人都笑翻了。时至今日，红色的草莓圣代，成为我们记忆中最温暖的清凉，令老太太念念不忘。

就这样，经过时间和日常生活中嬉笑搞怪的疗愈，三个月后老太太走出丈夫离世的阴霾，离开上海，回到乡下继续过平静的生活。

你给我写来长长的信，说父母深深地伤害了你，给你带来挥之不去的心理阴影，陷入低谷已一个多月，非常悲观，害怕从此走不出来，过不下去。

又一个你说自己 27 年来从未恋爱，虽然工作很努力可是每次想到感情就很难过，害怕从此孤苦一人。

还有一个你说自己面对学业压力，面对长辈老师的期望，陷入恶性循环。越是想做好，越是做不好，小小年纪恐惧失败。

面对这些你们抛给我的问题，我真的无法解答，只能说一句：“前路荆棘满布，乐观面对，努力行进。”很多你现在觉得悲观绝望的问题也许过些时日就云淡风轻了。当然除了时间，我还希望你乐观积极一点。

生活有的时候就像你浑浑噩噩睡了一觉，带着起床气艰难地爬起来，然后咳出的一口浓痰一样，恶心得要命，但是吐完这一口浓痰你却依然还要刷牙洗脸吃饭迈着沉重的脚步去上班。

生活时常就是这样又恶心又沉重的。而人生就是不断面对一个又一个恶心沉重，直到死亡的过程。忍受痛苦折磨是我们生活中无法避免的内容。越是长大我越是看到人之为人的卑微与艰难，越是看到人生中的种种苦难与深渊。

我从来都不是一个运气好的人。从小到大没中过一次奖，记忆中只捡过一毛钱，但是我却觉得我比大多数人幸运，因为上天给我作为人能得到的最幸运的礼物——乐观。因为乐观能令悲伤轻盈，给人勇气和坚强；因为乐观在面对各种困境时不至于绝望而忘记冷静思考和前进，因为乐观我才得以活蹦乱跳精神抖擞笑颜如花地活着。

如何让生活过得不那么恶心和沉重？

自己做一个乐观的人，找一个乐观的人为伴。

人生已经如此艰难，我不能悲伤地坐在你身旁。

《父后七日》最后一页说：“我相信，悲伤的、失去的、琐碎难耐的，只要把它说得好笑，也许就写得下去、看得下去。也许，有些东西，可以透过写，被转化或疗愈。”

我相信，只要乐观一点，生活也许就过得下去，过得好一点。

## 留下来，一起看看明天

某次和两个朋友们喝下午茶，喝完之后，其中一个朋友要匆匆赶去医院，说是去看一个跳楼自杀未遂的朋友。由于好奇，我问了她那个朋友的情况，了解到这个自杀的姑娘今年 23 岁，在一个贸易公司上班，上班没多久，就和自己的老板兼上司谈起了恋爱，过了大半年，男的要分手，女的不肯，苦苦挽留，可是这个老板铁了心要和她分手。失恋之后，班也不上了，在家绝食。绝食到第四天，从自家的阳台一跃而下，因为她家在 4 楼，还不是很高，所以自杀未遂，被家人送进了医院。女孩的母亲因为孩子轻生，整日以泪洗面，一家人的生活陷入混乱和不幸。

这个故事让我想起娱乐圈里一个很励志的八卦故事。1993 年，黄秋生凭《人肉叉烧包》获香港电影金像奖影帝。在那之后，他的情绪和演艺事业双双陷入低谷。在那段时间里，他一度想过自杀，意志消沉。庆幸的是他有个个性豁达的老妈，这个老妈没有对儿子苦口婆心地安抚，而是很直接地训斥他："敢死，还不敢活啊？"可能怕这句训斥太刺激，会给儿子造成伤害，又幽默地补充一句："如果不死，留下来看看明天将要发生什么，不是也挺有趣的吗？”这两句话，点醒了当时想死的黄秋生，五年之后也就是1998年，黄秋生凭《野兽刑警》再夺金像奖影帝。发表获奖感言时，他只说了一句：“感谢妈妈，我不会再迷失了……”看到这里，你会不会和我一样想起周董的那首歌——听妈妈的话，别让她受伤。

“敢死，还不敢活啊？”“如果不死，留下来看看明天将会发生什么，不是也挺有趣的吗？” 我坚信能说出这话的人，一定是个吃尽了生活的苦却依然热爱生活和生命的人。黄秋生的父亲是个有家室的英国人，母亲黄秀英生下他的时候，他的父亲就扔下了他们回了英国，黄妈妈吃尽了苦才把黄秋生拉扯大。试想一下，一个单身妈妈的生活里，应该会遭遇许多让她想死的事情，也许正是对明天还抱有希望和好奇，所以她才能勇敢地活下去。

最近几年，每年的4月1日，在网上都有纪念张国荣的活动。他是我极喜欢的艺人之一。他的才情令人仰慕，他唱的歌，演的电影，我都非常喜欢，尤其是电影，《霸王别姬》、《阿飞正传》、《东邪西毒》、《春光乍泄》我都看过很多遍，很多台词我甚至会背。如果他不死，留下来和我们一起看看明天将会发生什么，是不是很有趣？

在日常生活中，我的口头禅之一是：真是想死的心都有了。在描述一件令我痛苦的事情时，末尾我总会加上这么一句。失恋的时候，失业的时候，没钱的时候，工作压力大的时候，被朋友误会和伤害的时候，反正只要生活中遇到各种艰难困苦的时候我就会来上这么一句： “想死的心都有了。”但是我只是说说而已，其原因说得好听一点是自己热爱生活，事实上无非是自己贪生怕死。我确实怕死也怕痛，而且是怕死怕痛怕得要命。通常像我这样经常喊“想死”的人会活蹦乱跳精神抖擞自我感觉良好地活着，那些真正敢死的都是沉默寡言，不声不响的人，忽然某一天就割脉，跳楼，吞安眠药，死了。

刚过完的三月，新闻频频报道一系列来自不同阶层人的自杀和非正常死亡事件，从广州“龙凤胎夫妇”跳楼、韶关武江区委书记自缢，再到东莞一工业区内四天相继发生两起工人跳楼事件。这让我想起2010年富士康的13跳事件。这些自杀事件是个体的不幸，也是时代与社会的悲剧，在今天这样分配极端不公的中国，普通老百姓拼命工作依然买不起房，成为房奴、卡奴，身受就业、住房、教育、医疗、养老等诸多压力，再加上低工资、高物价、食品、交通不安全、环境污染等问题，每个个体都焦虑不安，毫无幸福感可言。狄更斯在《双城记》开头说的：“这是最好的时代，也是最坏的时代。”活在这个时代，每个人都有自杀的理由。

我以前在自己的《再也回不去，又无以为继》这篇博客中写过这样的句子：“目前的打算是在大城市里活到45岁的样子，然后找个地方，给自己打上一针，结束自己生命，安乐死算了。一个人没有权利选择自己的出生和出身，那么，总有权利选择以何种方式死去。” 但是如今这想法已经发生改变，我想不管以后将遭遇怎样的苦难与不幸我都会好好地坚忍地活下去，因为我活在当下，因为我想看看明天会怎样，想看看明天的世界是怎样的。

《失恋33天》为什么这么火？因为大多数人都失恋过，《桃姐》为什么容易触动人心，因为每一个人都会老会死。人生苦难重重，这是一个无法改变的事实。即使最美好的婚姻，一生中也会有

200 次离婚的念头，50 次掐死对方的冲动；即使最理想的工作，也会有 200 次辞职的想法，50 次撂担子的纠结；即使最幸福的人生，也会有 200 次想死的心情，50 次自杀的渴望。看电影《被嫌弃的松子的一生》，当看到松子在公寓外墙上写下“生而为人，我很抱歉”时，我心里特别想对她说，不必抱歉，生而为人，苦难无尽，能活下去就已经很勇敢了。

幸福大多数时候是个比较学。就像范伟在《求求你表扬我》中说的那样：“幸福就是我饿了，看别人手里拿个肉包子，那他就比我幸福；我冷了，看别人穿了一件厚棉袄，他就比我幸福；我想上茅房，就一个坑，你蹲那了，你就比我幸福。”但是如若生活中，能放弃与他人比较，只同自己相处和竞争，精神上的焦虑就会少一点，简单和快乐就会多一些。年纪越大我越是明白，生活中的幸与不幸主要来自内心对其的理解，而一个人的不幸程度，取决于他对不幸的理解。日本经营之神松下幸之助回忆自己获得成功的理由时曾说：“我获得成功，很大的程度上是因为受到了上天的眷顾，它赐给我三个恩惠，让我受益无穷。这三个恩惠分别是穷困、孱弱和低学历。”经历的事情越多，我越是明白，一个人灵魂的自由和心智上的开放才是最重要的。如果灵魂不自由，心智固化，即便他家财千亿，集万千宠爱，一样如在深渊，生无可恋。多年前，如果阮玲玉的灵魂不被绑架，就不会悲呼：“人言可畏”，自杀而亡。相比现在的阿娇、舒淇，那时的阮玲玉简直弱爆了。如果面对流言，当时的她能淡淡回一句，那又怎样？继续若无其事地好好活下去，人生又会有怎样的奇遇呢？

前几日在豆瓣上发了一条说：“学习不行，工作不行，长相不行，身材不行，家境不行，竞争力不行，经济能力不行，所谓的软实力也不行，那是什么支撑你活下去的？”“因为活着可以吃到好吃的！”没想到有近 80 人转播，看来大家很有共鸣，我们不是靠幻觉支撑自己活下去，而是靠对生活的热爱继续活下去，虽然去死的理由有千万个，但活着的理由有一个就够了。我爸说：“番茄是红的，丝瓜是绿的，豆腐是白的，肉丝是粉的，颜色多丰富啊！”生活没什么可抱怨的，单单那一日三餐就让人充满期待。

最近我看了罗兰·巴尔特的《哀痛日记》。这是一本小书，每一页只有几行字，记录他母亲逝世后自己的哀痛经历。在第 53 页他写道：“现在，到处——在街上，在咖啡馆里，我看到每个人都处在某种不可避免地面临——死亡，即非常准确地讲是某种必定死去的情形之下。而且，我还清楚地看到，他们并不知道这一点。”去年逝世的作家史铁生也曾说过：“死是一件不必急于求成的事，死是一个必然会来临的节日。”

事实上，人生并没有意义，意义只是我们自己创造出来用来对抗虚无；人生也不荒谬，荒谬的是我们对它的态度。生活就在那里，死也在那里，它们都永远地存在着，只有我们的每一天真正属于我们自己，所以更应活在当下，珍惜自己，尊重生命。死是一个必然会来临的节日，敢死不值得称颂，敢活才是真的勇敢，如果不死，留下来看看明天将会发生什么，不是也挺有趣的吗？最后祝愿那些因亲人自杀早逝而悲痛的家属：努力加餐饭，生而愈勇敢。

# 希望你每一天都能重新自由地选择爱我

据说，陈升举办过一场叫《明年你还爱我吗？》的演唱会。他提前一年预售了自己演唱会的门票，仅限情侣购买，需要提前一年订票，一人的价格可以获得两个席位，分为男生券和女生券。恋人双方各自保存属于自己的那张券，一年后，两张券合在一起才能奏效。票很快售罄。到了第二年，专设的情侣席位，空了好多位子。他面对着那一个个空板凳，脸上带着怪异的歉意，唱了最后一首歌：把悲伤留给自己。

前段时间豆瓣有个活动，名字我记不太清楚了，好像叫“上传你们最有爱的情侣照”，很多情侣上传了自己和爱人的合照，大多都笑容灿烂，温馨又甜蜜。一个友邻推荐语让我印象深刻：“不知道明年会有多少人跑来删除自己的照片。”

看过一部LES片，叫《命运化妆师》，教钢琴的女老师（陈廷）和小自己9岁的学生敏秀相爱了。当学校怀疑两人恋情的时候，陈廷选择了离开，她希望那是短暂的离开，等着和敏秀重逢，但敏秀最终没跨过现实那道坎，选择了母亲，没有再去寻找爱人。她们再次相逢却是在殡仪馆里，学生已经长大，成为了一位为曾经的爱人化妆的入殓师。

原来，分离之后陈廷得了忧郁症，并选择和深爱自己的心理医生（聂城夫）恋爱，结婚，但是她依然痛苦不堪，忘不了自己的旧情人，丈夫眼睁睁看着她服下过多的摇头丸而死。最后当医生的谎言被一一揭穿，当同性师生恋情被发现，敏秀与医生面对面：

“我为什么要救她，我恨她，我不只是恨她，我更恨你，为什么只有我一个人承受这一切？”

“陈廷选择你，她也努力过了…… 你要相信她。”

她用陈廷曾经说过的话点醒了聂城夫，当年幼小的敏秀面对父亲抛弃母亲，家庭破碎时，陈廷用同样的话安慰过她：“他努力过，你要相信他。”

前两天游黄山，看到了黄山名松“连理松”。这棵松树高 20 多米，在离地 2 米处树分两干，并蒂齐肩，其粗细、高低几乎一模一样。这棵树有一个美好的传说，相传唐明皇与杨贵妃二人曾于七夕明誓，百年之后同去黄山，修身养性再结连理。死后二人果然同游黄山，并留恋此地美景而化身为连理松。人们经常以连理比喻夫妻相爱，白居易《长恨歌》有“在天愿作比翼鸟，在地愿为连理枝”之句。因此，这里成为很多情侣合照纪念的圣地。

在“连理松”的边上看到一道道的铁链，上面挂着很多锁，有的锁是一个心形模样，有的锁上刻着两个人的名字，还有的是两把锁交叉扣在一起，这些锁有一个共同的名字叫“同心锁”。

在爬山的过程中，我发现这种“同心锁”在黄山随处可见。

我和同游的朋友感叹道：“挂这些锁的情侣们不知道现在有多

少已经分手了，结婚的夫妻中又有多少已经离婚了？”

朋友淡淡地说：“只要当初挂上这些锁的时候是真心爱着对方的，是真心想跟对方共度一生的，这就够了。”

说了这么多事情，我开始扪心自问，也问问读这篇文章的你：面对爱情，你是不是太过苛求了，希望它永远甜蜜又鲜活？是不是怀着痴守而不明智的贪心？是不是表面坚强，实则太过懦弱，害怕面对变化？

我以前一直渴望那种地久天长、海枯石烂的爱情，我内心的爱情追求也是“山无棱，天地合，乃敢与君绝”、“执子之手与子偕老”、“愿得一人心，白首不相离”之类的完美爱情神话。我相信有很多姑娘和我一样，在一段感情刚刚开始的时候就计划着长远的未来，甚至觉得我们彼此深爱，此生不渝，将与对方携手人生，共度今生。情侣们最喜欢的一句情话估计也是那句“我将永远爱你”。

可是“共度今生”怎么判定？“永远”到底有多远呢？不到死，我们不能肯定自己永远爱对方的；不到死，不能确定自己是陪对方到最后的那个人。人生是如此无常，爱情更是无常又脆弱。你买了一只股票它会有涨有跌，买了一套房子也会有涨有跌，买了一部手机用久了它还会坏或者会被自己弄丢。就像《失恋33天》里的金婚的老奶奶说的那句话：你买个洗衣机还只有三年保修期呢，婚姻那么大的事就不会出故障？

既然爱情难以长久，为什么我们还要追求？

如果我们想通过爱情让自己免于饥寒，免于贫贱，免于不安，那爱情很可能会让你失望，也很可能会让你梦想成真，关键在于你是否能嫁个有钱人，确实有一部分女性通过爱情获得了更优越的物质生活，获得了更高贵的身份，比如电影Pretty Woman（《麻雀变凤凰》《风月俏佳人》）里的那个女主角，比如戴安娜王妃。

我们追求爱情，是因为我们需要，不是因为我们想从爱情中获得什么实在的好处，是因为人生孤独。我们要独自一人在这个世界上走一遭，需要分享，需要施与，需要一个共同成长和见证的朋友。如果没有另一个人，没有分享，我们如何能确定自己感受到的快乐与痛苦是真实的，如何能确定不是只有自己一个人才感受到生命的愉悦与艰难。我们需要通过爱建立一个个连接，连接着自己与爱人，连接着自己与家人。我们要用自己的爱去包容和支撑对方，给予对方力量，同时也给自己力量，相信可以并肩战胜岁月的流逝、环境的变迁、人性的孤独以及人生的虚无。

“爱情是一种迎向未知的冒险”，是一盘不到最后不知道结果的赌局，也是战胜人生孤独最大的良方。你们彼此深爱，彼此信任，相信将能与对方走向人生终点，但是任何一种信任都是非常脆弱的，不能保证永远不会改变。但是，你愿意为了这种信任，冒险一搏，愿意与对方走进婚姻，在漫长的人生旅途中，在各种无法预知的变化中携手并进，这也许就是爱情最迷人的地方，它超越理性，充满风险和各种挑战。

面对爱情的变化，你是选择自欺欺人、缴械投降、负隅顽抗，还是适应变化？

前几天有个失恋的朋友打电话给我，向我哭诉自己被劈腿的悲惨遭遇，对方虽然没有告知分手的原因，但她自己却始终觉得是因为自己做得不够好，自己不够优秀。她把这段感情失败的原因全部归咎在自己身上，陷入深深的自责之中。然后又开始怨恨前男友，那个说永远爱她的男生，说他背弃承诺，不负责任，抛弃自己。她一会儿怪自己，一会儿怪前男友，于是在自责与怨恨之中来回摇摆，痛苦不堪。

这让我看到了当初的自己，那个不能顺应恋爱变化的自己。在大学的时候我谈了一场浪漫的初恋，刚开始两个人感情很好，但是在谈了一年半左右，明明说好要爱我三辈子的男朋友忽然提出分手。失恋后，我难以接受分手的事实，同时陷入巨大的自责之中，觉得一定是自己哪里做得不好，对方才会选择离开。因为我不漂亮，因为我不够温柔，因为我不够优秀……凡此种种，纠结痛苦，就是不肯放过自己。那个夏天，我甚至不再穿自己一直喜欢的吊带衫和超短裤，其实我有匀称白皙的双腿，穿短裤会很漂亮，但是因为我心里觉得自己不配拥有这些美好，自己是不美的，从内心深处我不爱自己。后来通过学习、旅行来转移注意力，经过近两年的努力，我终于走出了失恋的阴影，重新穿上超短裤的那一刻，我才意识到自己心里真正地做到放下，接受失恋这个事实，并对此感到不在乎，也才看清楚恋爱失败的原因是对方对未来的恐惧和担忧，是双方的不成熟，不懂处理感情问题，而不是自己做得不够好，不够优秀之类的。当我敢于面对变化，接受失败，放下自责，一切都变得云淡风轻起来。

后来，我看了《男人来自火星，女人来自金星》才明白面对情感上的挫折和失败，男女的思维方式是如此不同。比如失恋这件事，女人先是内归因，总是在自己身上寻找导致情感失败的原因，容易陷入自责情绪，然后再从外部寻找原因。男人则先是外归因，容易责怪他人，产生愤怒，然后再寻找自身的问题。

曾经在一档电视情感节目上听到一位心理医生说："像失恋、离婚、亲人离世之类的都是一段关系的结束，都是一种情感上的分离，这会让人们陷入自责，觉得是因为自己做得不好才会产生这样的变故和分离，于是人们不快乐。"原来面对情感失败，人人都会自责，女人更严重一些。

其实，面对情感上的分离，一些人是自责，另一些人则是不敢面对，死守痴缠，自欺欺人，苦苦揪住对方，不肯放手。离了婚的丈夫经常给前妻打骚扰电话；分手之后的女人，假装没有分手，对家人隐瞒情况，天天守在前男友上下班的路上；失恋的男人，看到前女友和别的男人交往就跳出来搞破坏等，这些事情，几乎每一天都在上演，这些都是不能适应爱情变化、死守不放的人，他们很辛苦也不快乐。

面对这种变化，负隅顽抗是一种很无奈的表现，也是一种徒劳，因为那是完全没有用的，一颗已经不爱你、去意已决的心是用八匹马也拉不回来的啊。对抗，只是白白浪费自己的能量，当你把所有能量都用来对抗情感上的变化时，你会错过其他更重要的东西。比如分手之后的女人，因天天守在前男友上下班的路上而放弃了和朋友去旅行，极有可能就错过遇见新伴侣的机会。

世事无常，你我皆是凡夫俗子，没有人逃得过变化，变才是世间最大的不变，我们要有适应各种变化的能力，爱情也一样。爱情没有永远，一个人也没有一定要对另一个人好一辈子的责任。分离与告别常常是爱情成长的第一课。分离会让我们更懂得如何去爱，更懂得珍惜身边的人。在爱情上，当你有勇气面对变化，接受无常，承认失败时，才能放过自己，也放对方一条生路，这是走向新生活新生命的开始。

只有承认失恋离婚这样不能改变的事实，然后努力去改变那些自己能够改变的事情。比如：充实自己，学会独立，掌握一门新的语言，或者去旅行，你才能向前走，走得更远。尽管分离让你很难过，但是一定不要做一个站在原地哭泣的人，要努力做一个在哭泣中前进的人。

如果恋爱时我们给自己和对方一个每一天都重新自由选择的权利；我们不要求对方要永远爱着我们；不要求对方一定要对我们好，好到牙齿都掉光的时候；我们会不会更快乐？我们会不会更少有矛盾？我们会不会更能享受当下的爱情？

某一次因为出差我去了初恋上大学的那个城市，走在我们曾经一起庆祝新年，笑着对彼此喊“新年快乐”的那条街上，我记起他穿着黑色的大衣，笑着朝我走来的旧时光，心里充满了美好的怀念和感激，谢谢你曾经热烈而努力地爱过我，而我也曾那样真心用爱回应过你。

我想只要相爱的时刻全情努力过，拥不拥有都会记得，即便失去也不必自责，更不必心怀怨恨，所谓的曾经，就是幸福；我无法拥有你，但是我和你的似水流年我都记得，它是一个人真正的所有，它让我变得富足；这不是一个恋爱失败者的自我安慰，也不是懦弱的表现，而是给予真心爱过自己和被自己真心爱过的对方一个宽容而温和的接纳。

享受当下恋爱的美好，用心活在当下，珍惜眼前的幸福，不过分苛求长久，承认爱情没有永远，如果某一天你们到达了永远，这是上天最大的恩赐，这不是“人生得意须尽欢，莫使金樽空对月”

的及时行乐和对自己情感的放纵以及不负责任，也不是“只在乎曾经拥有，不在乎天长地久”的故作洒脱，而是一种更智慧更哲学的爱人相处之道。

梁文道曾说过：“在爱情里，我们要学习的是如何享受在不确定的情况下和所有条件去协调。”就像航海，一个航海家不会喜欢没有变化的航程、完美的天气预报，他喜欢的是在海上感觉流向的变化，按照心意去协调，才能到达目的地。

在这个一切都急剧变化的时代，我不能肯定明年你还会爱我，但是我们能确定今天我们彼此相爱。我确定我非常爱你，愿意对你好，愿意为你付出，愿意和你分享自己的一切，愿意和你一起共同面对每一天的变化，也愿意为你去迸发自己生命的激情和创意，去创造一个更美好的明天。而你也一样，那这就足够了。

# 停止抱怨，对自己的人生负责吧

某一个周六，为了赶一个项目方案，我在家加班，从早上 9 点就坐在电脑前开始写，一直到下午 6 点，我都没写完，只做了一半。期间各种拖拉，在各个网站闲逛，看着视频，播放着喜欢的音乐，到厨房弄吃的喝的，甚至还睡了一个小时的午觉，眼看着这一天就要过去了，我的工作还没完成。明早这个方案就要发给老板，我开始焦虑不安，开始怨恨自责自己之前浪费了这么多时间，然后在网上和朋友抱怨："这该死的工作，周末还要让我加班。老板总是这样，临到周五晚上的时候忽然来一个项目让我做，我恨这份工作，为什么我的人生没有选择？！为什么我要承担这份痛苦？！"我不停地诅咒这个，抱怨那个，进而还怪罪到自己的出身和家庭来："为什么我不是富家千金？为什么我要为了赚钱做这份自己不愿意干的工作？"

我一边心不甘情不愿地写着方案，一边想到后面还有那么多工作要做，想着明天就要提交工作成果了。重压、愤怒、怨恨、控诉、敌意和挫败等负面情绪一股脑地冲向我，我崩溃了，居然呜呜地哭了起来。意识到眼泪正夺眶而出，我被自己“正在哭”这一事实吓坏了，这虽然不是我第一次因为工作压力大而哭泣，但那是前两年的事情了，现在我毕竟是工作了三年的职场之人，怎么就这样脆弱，不堪一击？这时心中有一个声音响起：“哭能解决问题吗？难道有人逼你这样做吗？现在这个局面是谁造成的？你打算怎么办？”

“哭泣不能解决一丁点儿问题。加班也是我自愿选择和接受的。现在这种局面是自己一手造成的。因为我拖拉，浪费了许多时间，我不能怪任何人。现在我不能逃避了，我得想办法解决问题，我得赶紧工作，今天我能工作的时间不多了。”

当在心里回答完这几个问题之后，我整个人开始冷静下来。我擦干自己的眼泪，关掉所有的网页，关掉和朋友抱怨的聊天对话框，开始进行工作。我依然不能迅速进入状态，但是挨过最初不耐烦的几分钟后，我全身心投入到接下来的工作中，这时候接近 8 点了。我努力干了 3 个多小时，在 12 点之前完成了工作，将工作成果通过电子邮件发送出去时心中充满了充实感和成就感。这件事让我深刻认识到这一点：我必须停止抱怨，只有我才能对自己的人生负责。如果我不肯对自己负责，也没有其他任何人会对我的人生负责。明白这一点，对我接下来的生活影响巨大。从这以后，我慢慢变得不再抱怨，也不再找诸多借口，开始不断学习对自己的人生负责，工作、生活都变得愉快许多。

趋利避害，逃避责任，这是每一个人都会有的正常心理，但是这并不代表它是好东西，相反，这正是导致许多人生活不幸的原因。斯科特·派克在《少有人走的路》一书中举了这样一个例子。

在冲绳岛，有一位年轻的军人妻子用剃须刀片割开了手腕，被送到抢救室急救。当被问及为什么要这么做时，她答：“我当然是想自杀了。”

“你为什么想自杀呢？”

“这个地方让我觉得无聊和乏味，我一刻也忍受不了。你们必须把我送回国内，要是还得待在这里，我还是会自杀的。”

“住在冲绳岛，为什么让你感觉痛苦呢？”

她抽泣着说：“我在这里什么朋友也没有，我一直都很孤独。”

“这确实很糟糕。可是，你为什么不去交朋友呢？”

“因为我住在冲绳岛该死的居民区，那里没人说英语。”

“那你为何不驾车去美军家属区，或者去参加军人妻子俱乐部，在那里结交朋友呢？”

“因为我丈夫白天得开着车上班。”

“既然你白天孤独和无聊，为什么不开车送你丈夫上班呢？”我问道。

“因为我们的汽车是变速挡，不是自动挡，我不知道怎么开变速挡汽车。”

“你为什么不去学习驾驶变速挡汽车呢？”

她盯住我，说：“就在那种道路上学习吗？你一定是疯了。”

从这段有点可笑的对话中我们可以看出，这位妻子只知道抱怨、指责他人，把自己的问题怪罪到外部因素，一点也不肯对自己的人生负责。显然，她的悲剧是自己造成的。作者在书中说：我们必须面对属于自己的问题，这是解决问题的基本前提。避之唯恐不及，认为“这不是我的问题”，显然一点好处也没有；指望别人解决，也不是聪明的做法。唯一的办法——我们应该勇敢地说：“这是我的问题，还是由我来解决！”相当多的人只想逃避，他们宁愿这样自我安慰：“出现这个问题，不是我而是别人的原因，是别人拖累了我，是我无法控制的社会因素造成的，应该由别人或者社会替我解决。这绝不是我个人的问题。”我们拥有的一切都是自己造成的，只有那些成功者会这样承认。真正强大的人都是那些克服了逃避责任的心理，敢于直面自己的问题，敢于承担自己的责任的人。

最近我看了一则故事，令人印象深刻。电影《美食、祈祷和恋爱》的原著作者Elizabeth Gilbert讲了一个朋友的故事。她的朋友是一位非常有艺术敏感性的印度电影人，他给自己认可并崇拜的一位非常有才气的德国电影人Werner Herzog写信：周围的朋友们都在抱怨现在做独立电影有多么艰难，要想获得来自政府的支持更是难上加难，而如今好莱坞式大片横行，观众的电影品位也差强人意……

Herzog这样回复了他：“你现在需要停止抱怨。因为成为艺术家是你自己的选择，这并不是世界对你犯的错。电影是一种表达自己的方式，你不能强求所有人的认同。梦想是你自己的，除了你自己，没有人该为此埋单。没有人会心甘情愿听你喋喋不休地抱怨，你在宣泄完不快、郁闷之后，记得回去工作。”

是的，我们需要停止抱怨，抱怨只会带来坏处，一点正面积极的好处都没有的，它会分散你的注意力，消耗你的精力，瓦解你的信心，摧毁你的行动力。抱怨还会限制我们思考，阻挡我们有效工作。因为，当我们抱怨的时候就把焦点放在我们不想要的东西上，所谈论的是负面的、出错的事情，而我们把注意力放在什么上头，那个东西就会扩大。我们抱怨的言语会影响我们的思维，进而影响我们的想法和态度，从而给我们的生活带来负面的影响。同时抱怨还会影响我们的人际关系。试想一下，谁愿意跟一个成天抱怨的人在一起共事呢？

《不抱怨的世界》也表达了这样的观念，里面许多话语引人思考：

“诗人马雅·安洁罗说：‘如果不喜欢一件事，就改变那件事；如果无法改变，就改变自己的态度。不要抱怨。’

“史蒂芬·霍金说：‘气恼我自己的残障，是在浪费时间。人生必须不断往前走，而我到目前为止表现得还不错。如果你一直在生气或者抱怨，别人也不会有空理你。’

“不要再抱怨。改变你的言语，改变你的思维，你就能改变自己的人生。

“人生中最重要的，就是把注意力放在我们想要的东西上，而不是不要的东西上。”

吴淡如在《嫁给谁都幸福》一书中讲了一个小故事，具体细节我记不太清了，大意是：一个漂亮女人年轻的时候嫁了一个经济条件很不错又爱她的丈夫，婚后辞了工作，在家生儿育女，当全职主妇。因为丈夫会赚钱，还雇了保姆，所以家务她也不用操劳太多，就这样丰衣足食地生活了十几年。人到中年，忽然有一天，丈夫得了癌症，可以依靠的人不能再让她依靠了，她要自己做很多事情。一开始她总是抱怨：抱怨自己的命不好，老天待她不公，还抱怨自己这也不会做，那也不会做，比如不会开车，不会做饭，一天到晚忧愁，不知道丈夫过世了自己一个人怎么生活。后来她的抱怨连自己的子女都听不下去了：不会开车你可以学啊，我们都这么大了不需要你照顾，你照顾好自己就行了，你又不是没手没脚，怕什么！

子女的话语犹如当头棒喝，让这个抱怨妈妈停止了抱怨，开始对自己的人生负起责任来。于是这个中年妈妈开始学开车，开始出去找工作，没想到一切都很顺利，工作干得风生水起。她自己也挺感慨，原来自己还是有生存和竞争的能力，只要自己愿意对自己的人生负起责任来。因为能够独立承担起自我的责任，这位妈妈变得格外自信。你看，其实，对自己负责并没有那么难！

美国黑人作家埃尔德里奇·克里佛曾说过一句话："你不能解决问题，你就会成为问题。"一个人的自信是跟他解决多少问题，承担过多少责任成正比的。许多人感觉自己的生活不幸就在于对自己的人生不肯负责，逃避问题。在现实生活中，许多女性非要寄望、依赖于他人，希望找一个人来负责自己的人生，觉得一旦自己找到这样的人，自己的人生就会变得美好，不再一团乱麻，得不到时她们就怨天尤人，抱怨不止。事实上，每个人都必须对自己负责，也只需要对自己负责，因为你才是自己生活的主人翁和创造者。把自己人生的全部幸福寄托在另一个人身上是对自己的不负责，也是非常危险和不明智的，有的时候对方一旦发现你有这种要求时，恨不得拔腿就跑，因为谁都不能保证让别人一定幸福。

莫泊桑说："生活不可能像你想象的那么好，但也不会像你想象的那么糟。人的脆弱和坚强都超乎自己的想象。当你停止抱怨，肯对自己的人生负责，愿意为了自己的幸福去努力，我想你至少会变得坚强起来，你的努力也一定都会得到回报，你的人生也会变得美好起来。"

# 如果人生就像萤火虫的尾巴

## 那些临终悔恨的事

前段时间和一个朋友见面，他因为刚从老家办完父亲的葬礼回到上海，情绪显得非常低落，不愿意多聊有关父亲过世的事情。我也只是说了一些“节哀顺变”“保重自己”之类的安慰话后就转移注意力聊了其他话题。

后来，可能是忧郁的情绪减少了，他主动打开话匣子，说了许多关于他父亲去世时的细节。他的父亲得了肝癌，发现的时候已经到了晚期，只剩几个月的生命。先是住院治疗，然后最后三四天回了家。他说，在最后的那几天他守在父亲床前，那时他的父亲已经被病魔折磨得瘦骨嶙峋了，知道自己时日不多，他开始交代后事时，觉得自己对不起子女。因为他的父亲一生都嗜赌如命，欠了四五十万元的高利贷留给子女去还，还常年酗酒，毁了自己的身体，因为治病让子女花光所有的积蓄。老人死前非常痛苦，夜里惊恐不安，喊着：我不想死啊！然后休克过去。他的父亲不满 50 岁就过世了，他的人生显得有点短暂。父亲离世这件事对他打击很大，同时也让他对人生又多了许多认识。他说，当你老了，能够平静安心地死去是件多么不容易的事情。在死的那一刻才能检验你的一生，也许你一生所有的努力，只是为了死前不悔恨。每个人都是一样的，都是要死的。如果你面对死亡的那一刻能够甘心、满足与平静，那么，你的一生也许才值得。听他说完，我唏嘘不已，好几天都在想这件事。

不记得去年什么时候，我在网上看到一篇文章，它被各大新闻网站和社交网站频频转发。题目叫《人死前最后悔的5件事》，它的原文是一名叫Bronnie Ware的护士写的。Bronnie Ware专门照顾那些临终病人，听到很多人临终前说出他们一生里最后悔的事。她作了一个概括，有5件事是大多数人最后悔的。

1. 我希望当初我有勇气过自己真正想要的生活，而不是别人希望我过的生活。

2. 我希望当初我没有花这么多精力在工作上。

3. 我希望当初我能有勇气表达我的感受。

4. 我希望当初我能和朋友保持联系。

5. 我希望当初我能让自己活得开心点。

后来，我又看了大津秀一写的一本书——《临终前会后悔的25件事》。他是日本最年轻的临终关怀主治医师，在自己多年行医的经验基础上和亲自听闻了1000多例病患的临终遗言后，他写下了这本书，其中排在前五位的是：

1. 没做自己想做的事。

2. 没有实现梦想。

3. 做过对不起良心的事。

4. 被感情左右度过一生。

5. 没有尽力帮助过别人。

## 在不完美中创造完美

从这些临终后悔的事情上，我想，是不是无论你怎么度过一生，你死之前都无法做到不悔恨呢？还有一点就是：没有做自己真正想做的事情，过上自己想过的人生，追求自己的梦想，是最让人后悔的。但是什么才是自己真正想要做的事情呢？

为什么无法做到不悔恨？因为你一生的时间非常有限，如果再加上不知何时来袭的病痛，就像我这位朋友的父亲，未满 50 岁就因癌症过世。生活里有太多选择、太多欲望，可是你并没有多少时间去尝试各种事情，当你选择并得到其中一样的时候，就会怀念失去其他的可能性，你无法平衡和完善你的生活。也许你花了很多的时间去实现自己的梦想却会因为没有时间和子女、爱人在一起共度或者放弃了曾经的挚爱而悔恨；也许你为了家庭尽职尽责，将子女教育成才，却因为没有时间去做自己真正想做的事情而悔恨。就像那部叫《遗愿清单》（*Bucket List*）的电影，两个生病临死的老人就是这样的情况。一个花太多的时间在自己的事业上，在公立医院的私有化改造中获得了很多财富，但是却孤身一人，离婚多次，与唯一的女儿关系也没处好。另一个知识渊博的汽车修理技师努力工作，尽心尽责地将三个子女培养成才，却牺牲了年轻时要做历史教授的梦想。

人临死之前会感到悔恨的原因除了生命有限，还有一点就是人不确定什么才是自己真正想要的。你以为你想要的是成功的事业，最后发现原来美好的爱情才是你真正想要的；你以为你想要充实奋斗的一生，最后发现原来安逸平淡的一生才是你真正想要的；你以为你喜欢孤独，不需要家庭，最后发现原来拥有一个幸福美满的家庭才是你真正想要的……

我们也很难从别人的人生追求和意义中获得参考。陆游在85岁的时候写下诗歌："死去原知万事空，但悲不见九州同。王师北定中原日，家祭无忘告乃翁。"爱国也许是他的人生意义，却不是我们的。保尔·柯察金的名言，大家小的时候都背过，他说："人最宝贵的东西就是生命，生命对于我们只有一次而已。人的一生应该这样来度过：当他回首往事时，不因虚度年华而悔恨，也不因过去的碌碌无为而羞耻。这样，他在临死的时候就能够说：'我的整个生命和全部精力，都献给了世界上最壮丽的事业——为人类的解放而斗争。'"但是这是他的追求，并不是我们的。

我们不会为了人类的解放事业而奉献一生，我们也许能做到"不因虚度年华而悔恨，也不因过去的碌碌无为而羞耻"，但那要到死之前我们才能评判确定，可是都要死了，知道了又能怎样呢？比如，一个人在临终之前觉得自己之前的工作、家庭、感情生活都不是自己的选择，自己在过着父母希望自己过的生活而不是自己真正想要的生活，或者可能一直以来他把别人希望他过的生活当作他想要的生活。可是那时他已经疾病缠身了，才发现其实自己应该而且可以放下很多顾虑追求自己要的生活，可是为时已晚，一切都是徒劳了。米兰·昆德拉在《不能承受的生命之轻》中深刻地道出了这一点：我们永远不可能知道自己想要什么，因为，一个人的人生只有一次，我们既不能拿它与前世对比，也无法在来世使它臻于完美。

这么说来，人生注定如此，会有各种各样的遗憾和悔恨，无论你选择如何度过你的一生你都会悔恨，无法做到完美。我们能够做的就是在这样的不完美中去创造完美。

## 爱，是萤火虫的光

生命的意义是什么？这个问题每隔一段时间就会跳出来，折磨我一番。表面上我照样上班下班，吃饭睡觉，点头微笑，人见人爱，可是内心却觉得迷茫和颓丧，信心的大厦轰然倒塌，支离破碎，觉得人生虚无，毫无意义，生活了无生趣，丧失对生活和生命的热情，可以用一本外国小说的书名来形容这时的我：我是个年轻人，我心情不太好。每次我都会把这个问题想个几天，运气好的话我会找到答案，内心的大厦又在废墟之上重新构建，精神抖擞，斗志昂扬地生活。可是过不了多久，“人生的意义”这个问题又找上门来折磨我，如此循环，从未停止。我把这称为“文青病”，也许这种病会伴随着我的一生，但是我却觉得思考人生的意义是一种必要，至少对我自己来说是这样。它让我停下来去思考自己，检讨自己，自省自查：是否为自己之前所做的事情后悔，是否正在过自己想过的人生，是否有为更想要的生活而努力……这对我来说很重要。

我想，人生的意义对任何人来说都显得重要。德国哲学家威廉·施密德在自己《幸福》一书中表达了这样的观点：幸福并不是人生的第一要义，意义才是。我们真正要寻找和建立的并不是幸福，而是意义。我想也许当我们找到自己人生的意义时，我们会觉得自己更有价值，更幸福，更能够战胜人生的虚无和幻灭。

我非常喜欢乔治·克鲁尼演的那部电影《在云端》，它根据美国作家Walter Kim同名小说改编而成。剧中的主角Ryan是个替其他公司解雇员工的人力资源专家，他一年中有300多天拖着自己的行李辗转于各个城市的机场，住在各种各样的酒店，没有爱人，与家人的关系非常淡漠，对他来说，飞行就是他的生活，机场就是他的家，积累美国航空里程数是他最大的人生乐趣和目标。他的目标是累计一千万英里数，得到一张机长亲自颁发的贵宾卡，可以和机长见面，喝酒庆祝，聊天合影。曾经他很多次地想过当他会见机长，当他成为第七个拿到那张金卡的人时会说什么话，可是，当那一天真的到来时，他却没有想象中的惊喜、激动和兴奋，他不知道该说什么。也许他发现了千辛万苦追寻而来的东西不过如此。他真正想要的并不是每天的飞行，而是一份爱，一个归宿，一个疲惫时可以停靠的避风港。看到这里，我禁不住感叹：人在实现目标时并没有那么快乐，人生多么虚无和幻灭啊。

剧中有很多台词谈到生活方式、人生意义这个主题，令人印象深刻。这些台词似乎为人生意义做了一些注释，每个人的人生意义或许都不同。Ryan说：“今晚很多人都会回家，家里有蹦跳的小狗和尖叫的小孩，他们的伴侣会问他们一天过得怎样，然后睡觉。星星会从白天隐身的地方转出来，有些星光会比其他的稍微亮一些，那就是我飞过的痕迹。” 也许，飞行就是他人生的意义。跟着Ryan实习的年轻女职员为了男友来到新的城市工作生活，可是男友却只用一条短信和她分手。她说：“有时候我觉得如果我没找到命中注定的那个人，不管我有多成功都没意义。” Ryan受邀参加妹妹在老家小镇上举行的婚礼，可是婚礼当天，准妹夫新郎官却忽然打退堂鼓了，他的姐姐认为他善于与人谈话，这是一次为家庭作贡献的好机会，于是让他和新郎谈话，新郎说：“昨晚我躺在床上难以入眠，于是我就开始考虑婚礼。我们买房子，一起搬进去，生孩子，然后再生一个孩子，一起过圣诞节、感恩节和春假，一起去看足球比赛，突然有天他们毕业了，开始找工作，结婚了，我就成祖父了，然后我退休、掉头发，发胖，然后我就死掉了。我一直在想，这有什么意义？” Ryan 回答说：“这些事情的确把你带向死亡的最终归宿。时间在一分一秒地过去，我们不能让它慢下来或者暂停。我们都会去到一个同样的归宿，没有什么意义。但是如果你仔细想想，你最美好的记忆，人生中最重要的时刻，是孤身一人的时候吗？一个人很孤单，有人陪伴生活才会更美好。每个人都需要一个副机长。”这些台词都表达了，爱让人不孤单，爱使得人生有意义。

最近这一次被人生无意义感折磨的时候，我和朋友聊起这个话题，我说：“你看，人生多虚无，多幻灭，就像萤火虫的屁股，它虽然会在夜里发光，可总是无法长久，很快就灭了。”

朋友说：“以你的生活态度，如果你是一只萤火虫，尽管明知无法保持，但依然会尽量发光，努力让它更亮。再说，萤火虫从来不是为了长久发光而发光的。”

我一下子豁然开朗。每个人的结局都一样，总是要死，但好在我们还有过程，我们还可以享受这过程中的许多美好。爱就是这条人生旅程中的微光，虽然不多，但却也不少。这一点点的光、一点点的热、一点点的温柔和温暖支撑着我们在人生这条孤独又疲惫的路上继续走下去，坚持到最后。如果人生就像萤火虫的尾巴，请好好发光，同时好好欣赏。

# 如果错过太阳时你哭泣，请擦干眼泪等星空

## 你害怕面对变化吗？

从朋友那里听来她朋友的故事，刚听到这事时我的震惊与不解真是难以言表。朋友的朋友 S 小姐之前和一个法国人谈恋爱，感情发展很稳定，S 小姐也开始学习法语，一直在为移民巴黎做准备。后来，她在朋友圈中消失了一段时间。再得到消息时，S 小姐的 MSN 头像换成了她站在巴黎铁塔下的照片。她告诉大家她已经移民巴黎了。接下来的日子，朋友通过 MSN 听说了许多 S 小姐的巴黎生活。她会告诉国内的朋友：今天巴黎风和日丽，她去塞纳河畔晒了一天的太阳。今天，她在巴黎街边的咖啡馆消磨了一下午。今天，她去了哪个画廊看了展览。今天，她逛了非常著名的莎士比亚书店……朋友们听说她的巴黎生活，无不羡慕嫉妒。

但是，到这里故事忽然急转直下。有一天，我朋友逛夜市，在吃小龙虾的街上居然看到了 S 小姐。她和一个男人手挽着手，这个男人显然不是当初的法国男友。她和当

初变化不大，只是瘦了一些。他们在地摊上挑了一条长裙。朋友原以为自己看错了，但是听到她和小贩讨价还价的声音，朋友确定了那就是S小姐。她非常错愕，以至于都不敢上前打招呼。第二天，S小姐照例在MSN上和我朋友聊天，她告诉她，昨天她在巴黎的街上散步时买了一条很好看的裙子。我的这位朋友带着不解与好奇，开始向也认识S的其他朋友打听消息，问了一圈下来才知道事实。去年她和法国男友去了一次巴黎，玩了几天，回来没多久法国男友就和她提出分手，因为他要回法国结婚，当然新娘不是她。这位S小姐不管是出于何种原因，无法接受现实也好，爱慕虚荣也罢，竟然编织幻梦，让自己活在他人嫉妒和自己的虚假之中，着实让我震惊。

这件事情让我想起一部由詹妮弗·安妮斯顿主演的电影《遇见波莉》（Along Came Colly），这是一部爱情喜剧，剧情很俗套。讲一个在蜜月就遭遇婚变，性格懦弱的男人因为爱情改变自己的故事。这部电影令我印象深刻的并不是主角们的爱情故事，而是配角——男主角的好友桑迪的故事。他是一个曾演过一部当红电影，后来，再也没演过电影的三流演员。片中他雇佣了两个人，跟踪拍摄自己的生活，还对好朋友说，好莱坞在拍摄他的传记。他原来在一场舞台剧中饰演配角犹大，但是却不满意角色安排，一心想演主角耶稣。演出当天，朋友们都来看他表演，他却在剧场里与主角发生了争执，搞砸了整个演出。这个时候一直沉默不语的男主角老爸说出了本剧最经典的一段话：“你为何不忘了过去继续你的生活？重点不是过去发生的事或是你以为将来可能会发生的事，而是活在当下的过程。如果你不享受这个过程，活得不开心又何苦受这些活罪。你知道吗，人生总会出现一些意外的惊喜，远比任何人生规划更精彩。即便你扮演那些风笛，也会搞笑得要死。”听过这番话后，桑迪大彻大悟，开始正视自己的生活，停止所谓的传记拍摄，利用自己的演技帮助朋友，终于实现了朋友的计划。

我朋友的朋友S小姐，《遇见波莉》中的配角桑迪都因为无法接受现实的变化，自导自演了另一个版本的生活，用这种自欺欺人的方式沉浸在过去之中，继续蒙蔽自己的双眼，这显然对他们的生活没有一点帮助，只会越来越糟糕。就像桑迪一样，最后他连舞台剧的配角都无法胜任。当你不能活在当下时，你当下的生活就会抛弃你。

## 世界上唯一不变的是变化

为什么恐龙会灭绝？

为什么水城威尼斯将在几十年后消失？

为什么老板说这周去郊游，突然变卦了？

为什么快下班了，忽然通知要开会？

为什么合作合同都准备好了，客户却忽然不想签约了？

为什么办公室里坐你旁边的女同事下周就离职了？

为什么说好的年终奖，第二年都过半了还没有影儿？

为什么这家店上周还是一家服装店，今天就成小餐厅了？

为什么原本只是少数人拥有的iPhone手机，一夜之间就成为了随处可见的街机？

为什么房价又涨了？物价也涨了？

为什么一转眼你的大学同学纷纷结婚生子呢？

为什么看着挺恩爱的夫妻却离婚了？为什么他不再爱我了？

变化才是生活中永恒不变的事情。世界上所有的东西每时每刻都在发生着或细微或剧烈的变化：地壳运动，雪山融化，山峦起伏，火山喷发，潮涨潮落，旧城灭亡，新城崛起，时代变迁，时光流逝……除了我们身处的时代、空间在发生变化，我们自身每时每刻也在发生变化。细胞分裂，新陈代谢，年龄渐老，我们经历的这一秒与下一秒也都完全不同，它们都是完全崭新的时刻，因为我们的一生只有一次，我们现在的一秒也只有一次。我们也许能够肯定今天我们做的这份工作，明天还会做；今天爱我们的人，明天还会依然爱我们。但是，明年呢？后年呢？你根本无法保证。世界上唯一不变的是变化，因此，我们创造出来如此多形容变化的成语：千变万化、变幻莫测、风云突变、白云苍狗、沧海桑田、翻天覆地、日新月异、恍如隔世、今非昔比、斗转星移……而不变的东西，你说得出来吗？

仔细想想，我发现自己曾经的生活中很多痛苦和折磨都是来自自己面对变化时不肯接受，固执己见产生的。比如失恋时不肯放手，苦苦纠缠的痛苦。换份新工作时，觉得比旧工作辛苦而抱怨连连，悔恨不已的痛苦。搬家后觉得新家离菜市场远，去一次很累而对新家各种不满的痛苦。哀叹岁月流逝，青春不再，试图用各种化妆品阻碍时光的脚步而焦虑不堪的痛苦……其实，我的这些痛苦都是多余而没必要的，难道不是吗？因为已经失恋了，换工作了，搬家了，青春渐失了，执着旧人旧事旧时光，并不会改变这一切，使其恢复到原状啊。如果你用很多能量去抵抗这种变化，你就没有能量去做其他更重要的事情了。面对已然失去之物的执着，只会消耗自身能量，得不偿失。

在现实生活中，我们会发现很多人面对变化的态度都跟当初的我一样，并不是积极地迎接，而是消极地逃避，抱怨。被公司解雇的丈夫回到家不敢把这个消息告诉妻子，依然每天假装去上班，直到最后装不下去了；被男朋友抛弃的女人不敢正视生活，每天在家人面前装幸福，自己躲起来默默掉眼泪或者日夜不分放纵自己；没考上研究生的孩子将自己锁起来，绝食几天，令父母心痛；面对父母年老辞世，子女终日沉浸在痛苦和没有尽孝的悔恨中无法自拔……

我们为什么会逃避变化？畅销全球的智慧灵修书籍《与神对话》中说，人的一切选择或情绪的变化都来自两个理由：爱和恐惧。面对变化，你选择逃避，是因为恐惧，失去原本熟悉的人事物，面对未知让你感到恐惧，你没有了之前的安全感，你不再自信，觉得自己无法适应变化，无法应对挑战，无法获得掌控。但很多时候事实并没有我们想象的那么糟，接受变化也没有我们想象的那么困难。失业的男人将这个消息告诉妻子，也许他们正好有机会共同创业，开一家自己一直想开的小店。失恋的女人告别了过去这个不适合的男友，也许在不久的未来就能遇见自己的真爱。没考上研究生的孩子开始找工作，也许能找到一份很不错的新工作，更早地踏上工作岗位。没有尽到孝道的子女在失去父母后也许懂得付出，会给自己的伴侣和子女更多的爱，更懂得关爱社会上的老年人……

## 迎接变化，活在当下

有一次朋友聚餐，席间有个朋友打翻了牛奶，慌慌张张地问：

怎么办？一个朋友轻松地答：既然牛奶已经打翻了，还能怎么样？擦了呗！然后招呼服务员过来擦干净桌子。这只是生活中的一个小插曲，但是，这个问题却充满了耐人寻味的哲思：既然牛奶打翻了是个现实，那就先接受，然后擦干净。可是，生活中很多人不懂这个道理。牛奶打翻时不是自责就是追问原因，手忙脚乱，乱了自己的节奏，白白浪费了时间和力气，却不愿意做最简单的擦拭工作。

接受现实是人生中重要而艰难的部分。不管我们愿不愿意承认，我们的人生就是个不断丧失的过程，小的时候会失去乳牙，升中学的时候失去童年，再长大一点失去初夜，接着失去初恋情人，失去青春、失去亲人，失去健康。在《必要的丧失》一书中说：没有丧失，就没有未来。每当面对失去时，如果我们总是沉浸在对过去拥有时的追忆中，不愿直面现实，不肯接受丧失，那我们的生活也就无法继续向前，我们将会错过更美好的未来。这种改变是人生成长的重要一课。只有先接受这种现实的改变，才能重获新生。还记得泰戈尔的诗歌吗？如果你因为错过太阳而哭泣，那么你将错过星星。也许错过太阳时你无法停止哭泣，那么，请擦干眼泪等待夜晚的星空来临。

在生活中，我们扮演的角色往往不只是一个。在职场上，你是一个员工或是职业经理人；回到家庭里，你是另一个人的伴侣，也是孩子的父亲或者母亲，同时还为人子女；在社交生活中，你是其他人的好友、同学或者学生……一个人的不同人生阶段所扮演的角色也不同，所面临的挑战也不同。生活，要求一个人要拥有角色转换的能力，无法转换自己人生角色的人往往生活得不快乐。有的人身居要职因退下来而产生巨大失落感，无法调节和转换过来，患上抑郁症；有的人从闪耀的舞台上走下来，因留恋红地毯不得而放纵自己，沉溺酒精而不可自拔；还有的人不能从失恋离婚中走出来而选择轻生自杀……

一个人角色转换的能力越强越能应对生活中的变化。我认识一个女友，就是这种角色转换力超强的人。她年轻的时候在职场干得风生水起，最后升任一个国际500强企业的职业经理人，忽然有一天，她离职回家结婚生子了。在家相夫教子好几年，把家打理得井井有条。到孩子六七岁上小学的时候她又回归自己的职场生活，同样做得很不错，真是令人佩服。她说这都要归功于她愿意不断学习，喜欢不一样的自己，对世界保持好奇心和热情的生活态度。

是的，面对变化，生活态度很重要，一个人愿意持续学习，愿意参加生命的变动，他的身心灵都会比较健康。无论身处怎样的人生阶段都能尽力绽放出自己生命的绚烂。

还有一点很重要，就是要活在当下。女星陈红多年前从当红明星转向幕后工作，开始做起制片人。我在《上海壹周》上看到记者采访她，她被问到是怎么转换的？她答："冥冥中我跟着直觉走，一点不习惯、一点失落、一点痛苦都没有。真的没有。"当观众感叹她当年在影视剧中的青春靓丽，而今的人老憔悴时她却毫无眷念，淡定地说："那时候青春嘛，青春无敌。我偶尔也会看到，但就像看无关的另一个人。过去的我，不是现在的我。所谓过去心不可得，现在心不可得，未来心不可得。就像你看五六岁时的照片，你会想，这是我吗？人永远不要和自己年轻的时候比，或者和过去比，也不要和未来比。活好每一个当下。我一个女人，已经到了四十以上了，如果我还天天特别执着地要求自己像年轻时候一样美貌，水灵白皙的皮肤、婀娜多姿的身材，这是妄念——妄念是特别不善待自己。”

世上没有不变的人、事、物，没有人能够逃过变化，想要永恒不变，这是徒劳无功的妄念，只有真正认识到这一点，我们面对变化时才能坦然接受，迎接变化，随变而动，才会生活得更愉快，逃避变化只会让事情越来越糟，生活越来越不好。另一方面，不得不说，比变化更让人不安的应该是一成不变，比未知更让人害怕的是预知。想象一下，如果你20年后的生活跟现在一样，没有一丝变化，多让人觉得恐惧和绝望啊，这样的重复的人生又有什么意思呢？虽然很多人会通过看手相、查阅星座运势等方法预知未来，但是如果真的问他，是否愿意预知自己十年后的生活是怎样的？我敢肯定，很多人并不愿意知道，至少我就是这样的。

面对变化的态度也表现出一个人的人生境界和内心修为，古语有云：“宠辱不惊，闲看庭前花开花落；去留无意，漫观天外云卷云舒。”“不以物喜，不以己悲。”这些都深刻地道出了人对事对物、对名对利、对各种人生际遇与变化应有的态度：心境平和、淡泊自在，洒脱自得。只有心平气和地接受变化，勇敢应对，不断学习，积极参与到生命的律动中来，活在当下，才能活出一个生机勃勃的自我，去拥抱未知却也依然并存美好的未来。

慢慢来，
一切都来得及

# Part 3

## 病，要疗愈

# 别拿阴影当借口

我其实挺讨厌别人拿阴影说事，尤其是女人。我听到太多女人跟我提阴影对她们的影响：因为小的时候家里穷，所以长大以后追求物质，只有物质能带给我安全感，所以找男朋友要找有钱的；因为小的时候经常看到父母吵架或者父母离异，所以对婚姻没有期望，不相信爱情和婚姻，觉得婚姻给不了安全感，所以就算结婚，对方一定要是那种对我百依百顺，我能控制的对象；因为从小被父母抛弃，长大后对家庭心存恐惧，处理不好情感关系；因为第一场恋爱遭背叛被伤害，从此再也不相信真爱，再也不敢放开去爱……

但凡是个人，只要不是喝了爱丽丝梦游仙境里的药水顷刻间长大的而是一点点长大的，只要他活着一天，伤痛都是在所难免的。在我们乡下就有一棵树，在幼苗的时候会被鸡啄，被虫咬；再长大一点被牛拱，被孩子们摇；就算好不容易长成参天大树，也会被雷劈断树枝，被人砍了去做家具！树犹如此，人何以堪！更不要说人是肉长的，总会这里磕一下，那里碰一道什么的……没有无阴影的童年，没有不受伤的过去，童年阴影和伤痛的过去都是正常的，重点在于你怎么看待这些伤痛的过去。

精神分析大师弗洛伊德曾在他的著作中提出了“童年阴影”理论，认为人的创伤经历，特别是童年的创伤经历对人的一生都有重要影响。童年的阴影会影响成年之后的世界观。他将人的意识部分比喻为冰山露在水面上的一角，而潜意识却是冰山在水面以下的巨大部分。潜意识虽不为人知，但很多时候在不知不觉地支配着人的行为。而这些童年创伤，因为人的自我保护机制，大多被压抑到潜意识区域。虽然我们认为它已经不在了，但一不小心被某事触动，它还会跳出来，让你痛不欲生，甚至情绪失控、行为失控。

这个理论有一些人奉为人生宝典，当然也有许多人觉得它狗屁不通。我主张积极地看待自己的童年阴影。如果我们过去的经验、受到的教育、家庭环境和社会环境决定了我们的未来，那不是说明我们的人生早早就被安排好了，这听起来多可怕啊？把自己的问题全部归咎于童年阴影是很不负责的，置自己的主观能动性和创造性于何处？如果依照这种理论，你会带着很负面的能量生活，我劝大家不要信奉。

环境被污染了拥有自净能力，人也一样，只要还活着，被伤害了也会有自愈能力，都说时间是最好的良药，生活比你想象的更强大。很多人总是低估自己的承受能力，高估自己的痛苦和记忆力，“我受不了，我痛苦死了”“我再也不会去爱一个人了”“这是我这辈子最痛苦的时候”“我一辈子都会记得他对我的伤害”。事实证明，大多数的痛苦随着时间的流逝不知不觉消失了，伤害你的人也被你淡忘了，你以为永远过不去的坎就莫名其妙地过去了。

但是光等待时间来疗治创伤是不够的，应当选择更积极更正面更开放的心态去面对生活。事实上是我们是完全有机会有能力超越阴影的。我们不能改变我们的过去，但我们能改变我们对于过去的看法。

一个酗酒的父亲有一对双胞胎儿子，20年后一个成为了成功人士，一个则穷困潦倒。一个记者分别采访了他们，为什么能过上今天这样的生活，两个人的回答都一样："没办法，谁叫我摊上这样一个父亲呢？"

在相同条件下，不同心态决定了不同的结果，前者的心态好，后者心态糟糕，前者这样想：我的人生我负责，我的幸福也需要我做主，父亲不如别人，我要和别人一样就需要更加地努力。后者这样想：我的人生，我的幸福主要靠老爸提供，老爸不好，我理所当然也过得不好，这样穷困潦倒都怪他不好。如果认定需要对自己的人生幸福负责，你就会踏实努力，不断完善自己；如果你把自己人生幸福的权利交由别人，让别人对你负责，那么你很容易忧心忡忡，怨天尤人。

奥普拉的母亲不到20岁未婚怀了她，贫民窟黑人私生女奥普拉的童年过得相当清寒。她跟外祖父母一起生活直到6岁；9岁的时候被表兄强奸，并成为其他性侵犯者的牺牲品；13岁离家出走；14岁成了怀孕的"问题少女"。可以说她的童年是贫穷、抽烟、吸毒、性侵害、混乱不堪等诸多不幸组成的，但是她却超越过去的阴影，走了出来。不堪的过去为她带来了深远的影响，当然更多是正面的影响。如今她成为著名的"脱口秀女王"，在美国过去的25年里，她的影响力超越了自己的领域，成为全球的名人。根据美国财经杂志《福布斯》最新发布的 2012 年全球 100 名人榜，奥普拉·温弗瑞以 1.65 亿美元的年收入成为榜上“最能挣”的明星。她说：“我认为自己是这样的人：从小我就知道，我要对自己负责，我必须成功。”

据说，默克多的母亲以亲近孩子为耻。在她对儿子的教育中只有信条，缺乏母亲的疼爱与呵护。但是默克多成为了雄霸东西方的媒体大亨。童年的阴影，母爱的残缺并没有阻碍他追求梦想的脚步，也没有夭折一颗奋斗的心。阴影就像一个紧箍咒，有的人带着它痛苦地生活了一辈子，而有的人选择努力挣脱它。

在林芝旅行的时候，因为气候，一会儿晴一会儿雨的，下雨的时候一同拼车的一位姑娘抱怨天气不好，我们的司机扎西顿珠就说：“晴天是个好天气，雨天难道就不是好天气？”我听了之后，觉得这个司机真是懂生活之人。只要换个心情，会发现林芝烟雨弥漫的原始森林别有一番风情，那些迷雾如腰带一样盘绕在半山腰上非常旖旎，雨停之后，太阳一出，彩虹还会出现。

过去仅仅是过去，如果你不沉湎于它，那过去就不具有任何伤害你的力量。过去是一个人经验的累积，既不能回去也不能改变，但是影响却有正负面的区别。正面看待就带来积极的影响，负面看待就带来恶劣的影响。

比如，小的时候经常看到父母吵架的，是不是看到了和睦环境的重要性？是不是更珍惜更努力地营造和平的家庭关系？是不是对人更宽容和善？而不是易怒或者容易挑起战争或者事端，或者结婚以后复制父母的家庭模式，让自己的下一代再受伤害！

因为童年被父母冷漠对待，缺爱，是变得自暴自弃，对其他人同样冷漠，还是因为过去不被爱，长大以后变得更爱自己，更懂得对人关怀，更有仁爱之心呢？

生活是自己的，积极与快乐是一种选择！

有一类中国女性很喜欢活在过去，活在暗无天日的阴影之中，埋怨这个过去伤害过她，埋怨那个过去亏欠过她，仿佛人人都对她很坏，典型的被迫害妄想症。她们常常像祥林嫂一样絮絮叨叨，说自己有个缺爱的童年，一个虐待她的婆婆，一个对她冷漠的丈夫，还有一个合着外人一起欺负她的孩子，每一天都是一副苦大仇深的样子。

这种人的眼里看不到当下的美好，不是活在当下，而是活在过去。她们病态地沉溺于过去之中，好让自己永远受到别人的怜悯和爱护，得到别人的同情，然后享受这种同情，用别人怜悯的目光自我安慰，这样她们将不怕孤独。其实这种怨妇唯一的价值是作为反面教材，提醒她周围的人，不要活得像她一样负面、消极与“杯具”，浪费自己的生命不要紧，却浪费了别人的关爱。

不要再让自己扮演“受害者”的角色了，为自己的不幸找诸多借口，活在他人廉价的同情之中了。超越阴影，重新看待你的过去，活在每一个当下，才能够走向进步与快乐，生活幸福。

# 吃饭的时候吃饭，睡觉的时候睡觉

## 一个屌丝是如何克服拖延症的？

半个月前我在赶一个项目方案，自己预计差不多要写 40 页 PPT，花三天时间的样子，跟市场部的同事也确定了在周三下班五六点钟给他。周一我只是阅读和消化项目资料并思考怎么写；周二我开始写，可是我只写了 7 页。第一天和第二天我都没有全心地投入到工作中，总是写两行字，刷一下豆瓣，贴一张图片，刷一下豆瓣。有的时候我想找一张图片放 PPT 里，在图片网站上浏览了一大圈还没找到，QQ 上有人找我说个事，我就和对方聊上几句，然后再回图片网站，还没找到我满意的图片，我又刷了一会豆瓣，然后回到 PPT 上就忘记了贴图的事情，然后又开始费劲地想着写上几行字，就这样我的工作时间被自己浪费掉了。

周三早上一起床，我隐约开始感觉到自己今天的时间不够用了。因为前两日的拖延症，我担心自己完成不了工作，开始感受到完成不了工作任务的压力，内心充满焦虑。

为了保证自己当天能完成工作，这一天早上我比平常更早半个小时到办公室，但是坐在电脑前，半个小时很快就过去了，而我做了一件且是唯一一件与工作有关的事情——打开了昨天没做完的PPT。

在网络面前，我自以为强大的意志是如此的薄弱。工作推进是如此的低效，这个时候我才深刻地意识到自己的拖延症已经严重影响工作了，必须立刻采取有效的行动遏制这种低效率。我离开座位跑到卫生间，开始对着镜子里的自己咆哮：你怎么可以这么贪玩！！！你有点自制力，行不行！！！要全心投入工作，懂不懂啊！！！老板给你发薪水不是让你来刷豆瓣的！！！为了诱惑自己，我还对着镜子说，允许你每干活一个小时，刷五分钟豆瓣。离开的时候我还不忘对自己喊：加油！！！我爱你啊！！！（这些统统是在没有人的卫生间里完成的哦，模仿有风险，操作需谨慎，不然会被当成神经病！！！）

当我回到座位上的时候，一扫前面的拖延，已经激情澎湃，充满了工作的干劲，第一个小时全心投入高效工作结束后，我盯着电脑右下方的时间，只刷了五分钟豆瓣，然后又跑到卫生间对着镜子喊："你好棒啊，继续坚持下去，加油。"还要握拳，上下挥动拳头。然后又跑回来继续工作，就这样，当天下午4点半左右我就完成了这个PPT，然后自己又修改完善了一下，5点我就交出一个让自己还算满意的PPT，心情非常愉快！（在我心里，还把这事视为战胜拖延症的经典案例存储在自己得意骄傲又无知的大脑中，但是这件事情影响非常深远，让我展开了联想的翅膀，想到了无数问题，脑子都要大爆炸了。）

## 一心一意在今天是否已成为传说？

我一直在思考一个问题：一心一意在今天这个时代是否已经成为一种传说？

自从有了网络之后，人们就再也没法集中精力去做自己想做的事情了。你总是忍不住去看手机，看看有没有新的短信；你总忍不住去上下QQ，找个人聊会天，登一下空间，看看有没有人关注自己；你总忍不住去刷下豆瓣，看下有没有“请求和提醒”，关注你的人又增加了几个，你的说话有没有人回应；你总忍不住去刷下微博，看看有没有新内容，有没有新的粉丝，或者新增的评价；每天你一到电脑前，先登录QQ，然后登录MSN，上个飞信，打开音乐网站放着歌，之后陆续打开豆瓣、开心、人人，在淘宝上闲逛，在天涯、猫扑等各大论坛上逗留。在这个用户既是网站内容的浏览者，也是网站内容的制造者的web2.0时代，你自己不停地制造内容，不停去评论别人制造的内容，总有各种新鲜有趣的内容不停地刺激着你的神经，你在文档、通信工具、网页、微博之间快速切换，渐渐迷失了自我。

德国《法兰克福汇报》主编弗兰克·施尔玛赫在《网络至死：如何在喧嚣的互联网时代重获我们的创造力和思维力》一书中把这种情况叫作“多任务处理”“同时做很多事情，这意味着不停地被干扰，又不得不无休止地解决这些干扰。人类几乎失去了所有让其区别于电脑的特质：创造力、灵活性和自发性。 同时，我们在生活或者工作中，又不断被迫根据电脑的指示行事。”

在电脑前面因为这种“多任务处理”，你的注意力被无数的事情分散，对自己手头的工作一拖再拖，在电脑前坐上半天，你甚至会忘记自己为什么要坐在这里，忘记自己应该要做的事情，你甚至要想上几秒甚至更长的时间才记起自己要做的是什么事。别说一心一意地工作了，就连三心二意你都做不到，因为你压根就是十心九意的状态。我们是该怨网络诱惑太给力，还是恨自己自制力不足呢？

通过观察和体会，我发现不仅在电脑前工作时是这样，这种多“多任务处理”还蔓延到生活的各个角落。一心一意不仅成为传说，还隐约透出一股子羞耻劲儿，好像谁一心一意就是不懂最大化利用时间的笨蛋一样。在餐厅吃饭的时候，一边用手机挂着QQ，一边刷新微博，一边吃着饭还同时和同桌的人聊着天；在KTV唱歌的时候，一边听着别人唱歌，手里拿着PSP打着游戏，手机微信接二连三，偶尔还出去打个电话；就连旅行的时候也是这样，坐在车里的时候拿着iPad看漫画，下了车戴着耳机听着歌，看到美景立刻咔嚓一声拍下来，上传更新微博；你的职业要单单是个作家，单单是个演员，后面没加个新锐导演、著名评论员，广告代言人，知名博主什么的你就感觉自己在气势上输人好几分；在情感性爱领域也是如此，有男女朋友的还要有一两个红颜知己，外加一两个和谐性伴侣才能算得上幸福，已婚大叔、大婶们要是不偷个情，没个小三、小四什么的好像就不能证明自己的魅力，成年男女不管单身与否，要是没一两个炮友，外加一两个gay密，你都会感到羞愧，好像自己跟不上时代，不好意思说自己是一名社会主义新青年！

因为这种“多任务处理”，缺乏必要的专注与深度思考的热情，导致我们制造出来的网络内容肤浅矫情，各种评论高度雷同，充满了低级的娱乐；因为注意力被持续分散，缺乏耐心与意志，我们工作效率低下，成果马虎粗糙；因为我们在各个需要我们的人之间疲于奔命，感情和肉体与多人分享，觉得没有一个人值得自己全身心投入，也不肯放慢脚步与一人长期倾心相处，注意力与情感被瓜分成无数碎片，总是进行着“遇见，短暂相处；分开，另觅新欢”这样的循环。于是，我们始终无法建立起亲密关系，依然找不到爱与被爱，人与人之间也变得冷漠与疏离。

## 吃饭的时候吃饭，睡觉的时候睡觉

很早之前我看到一个寓言故事：有一个得道的老和尚带着小和尚在山上修道。小和尚跟着老和尚修道已经好几年了，但是常常听到大家口中说“禅”这个字，却从来没有人告诉小和尚究竟什么是禅。

有一次，小和尚与老和尚吃饭时，终于忍不住地问老和尚：“师父！你们不是常常说禅吗？到底什么是禅啊？”老和尚停下手中的筷子，冷冷地看了小和尚一眼，并没说什么。到了晚上睡觉的时候，小和尚又忍不住问老和尚：“师父，你快告诉我，到底什么是禅啊？”这次老和尚有动作了，他轻轻地用手敲了敲小和尚的头，然后闭着眼睛对小和尚说：“吃饭的时候吃饭，睡觉的时候睡觉，这就是禅！”

“吃饭的时候吃饭，睡觉的时候睡觉”这句话确实禅意十足，每个人都有不同理解，你可以理解为活在当下，可以理解为专心一意，也可以理解为全心投入。

事实上，我们在吃饭时想着工作，在上班时想着上网，在工作日时想着休息日，在恋爱时想着分手，在拥抱时还在看表，在上床时想着看电视……我们不能在适当的时间做专一的事，所以我们还是凡人一个，没能成为一个得道悟禅的大师。

“在适当的时间做专一的事”这是一种投入生活的态度，这种投入会让你体验到生命的能量与热情。一个人只有投入生活，才能拥抱生活中的幸福与快乐；一个人只有投入生活，你的生命才得以保有热情与张力。你有没有体验过投入阅读，深深沉迷文字中的那种愉悦和畅快？你有没有体验过投入工作，充满热情与干劲的那种充实与骄傲？有没有体验过那种全身心投入做爱，无限沉醉的那种快感、高潮与忘我？

《拆掉思维里的墙》中说道：“当你真正完全投入到当下的事情中去时，不管这个事情多么简单卑微，你都能感受到无穷的乐趣。任何一个瑜伽教练都会告诉你，即使认真地投入你的呼吸——这个每天你做过无数次的事情——都能感受到无数的乐趣。”我想练习过瑜伽的人一定对此深表赞同，坚持跑步的人也一定对此深有体会。当我全身心地投入到跑步中时，那迈出的单调的每一步都充满了乐趣，这就是为什么绕着200米的跑道我能跑上30圈，因为投入而有乐趣，因为乐趣继而坚持。

## 一个屌丝针对拖延症一丝不挂的总结

有拖延症的网友发我这样一封信：

姐姐（请允许我这么叫你吧）：最近我也挺烦的，我现在是大三的学生，要准备考研了，可最近却很浮躁，不，应该是一直都是这种状态，总是静不下心来看书。怎么说呢，就是在看书的时候想上下QQ，登一下空间，看看有没有人关注自己了？自我控制能力这么差……

一直看不下来书是我最讨厌的状态，总是看不到一半，就不自觉地停下来做其他的事情（老想上网，即使真的很没必要，知道自己在浪费时间）。

看了你的《慢慢来，一切都来得及》又找到了些力量。可是要怎么根治呀？

好痛苦呀，这状态。

以下是我根据自己仅有的经验、个人体会和学习到的东西，总结出的一些具体解决拖延症的方法。

## 培养迎着痛苦上的强大内心

对你而言，“考研看书”这件事是痛苦的，于是，你想用“上下QQ，登下空间”这种方式来逃避痛苦。对你而言，做这件事比看书这件事轻松容易许多，尽管你会被拖延症的负罪感折磨，但是这种痛苦较之读书的痛苦会减轻一些。而你会自责是因为看书是你应该做的事情，是你的责任，可是你却没有去履行。其实每一个人都是趋利避害的，贪图享乐，害怕承担责任的。

面对痛苦其实是我们一生都要做的事情。作家大卫·福斯特·华莱士说过：“忍受痛苦折磨是我们活在这个世上无法逃脱的一项内容。”

前几天我又重读了《少有人走的路》，这本书一开头就说：“人生苦难重重，这是个伟大的真理，是世界上最伟大的真理之一。它的伟大在于我们一旦想通了它，就能实现人生的超越。只要我们知道人生是艰难的——只要我们真正理解并接受这一点，那么我们就再也不会对人生的苦难耿耿于怀了。”

“人生是一个面对问题并解决问题的过程。问题能启发我们的智慧，激发我们的勇气；问题是我们成功与失败的分水岭。为解决问题而付出努力，能使思想和心智不断成熟。学校为孩子们设计各种问题，促使他们动脑筋、想办法，恐怕也是基于这样的考虑。我们的心灵渴望成长，渴望迎接成功而不是遭受失败，所以它会释放出最大的潜力，尽可能将所有问题解决。面对问题和解决问题的痛苦，能让我们得到最好的学习。美国开国先哲本杰明·富兰克林说过：‘唯有痛苦才会带来教益’。面对问题，聪明者不因害怕痛苦而选择逃避，而是迎上前去，直至将其战胜为止。”

看书是个大痛苦，不看书玩 QQ 是个小痛苦，但是当看书的大痛苦解决掉了，你的内心就不再不安与自责，不看书玩 QQ 的小痛苦也会随之解决，与此同时你还会获得心智的成熟，能量的增加，幸福感的提升，那还犹豫什么？迎着大痛苦上吧，青年！

## 立刻行动

虽然全世界 72.8% 的人都会得拖延症，虽然拖延症是个可怕的顽疾，但是治疗起来却也很简单：立即行动。连岳在他的专栏里说：“有什么事让你拖得心烦，先做三分钟再说。如果你是个专栏作家，从昨晚开始就在拖一篇文章，那不如现在马上坐下，打开写字板，先写 180 秒，于是，奇迹发生了。三分钟后你会继续写，直到把文章写完。”他这种方法对我来说相当有效，这篇文章我拖了两个礼拜，但是当我今天早上坐下来，打了 3 分钟字之后，就一直写到这里，写了 3 个小时。有的时候我积着一堆家务要干，心里烦躁之际如果立刻干起来，发现不仅干得又快又好，情绪也平和下来，不再因为拖延而焦虑。（哇哈哈，妈妈再也不用担心我的拖延症啦！）

## 推迟满足感

小的时候，我们都会被父母要求先做完作业再看动画片，这是典型的推迟满足感的表现。当我们完成作业时我们爱看什么动画片就看什么动画片，我们爱看多久就看多久，完全没有其他顾虑。我从小到大都秉承的一个原则：要学就学得认真，要玩就玩得尽兴。我觉得你也可以试着应用这个原则。

《少有人走的路》中说“推迟满足感，意味着不贪图暂时的安逸，重新设置人生快乐与痛苦的次序：首先，面对问题并感受痛苦；然后，解决问题并享受更大的快乐，这是唯一可行的生活方式”。我在本文开头“工作一个小时后刷 5 分钟豆瓣”的方法其实就是推迟满足感的灵活应用，也是制定短期小目标逐步达成长期大目标的一个体现。你可以给自己规定看书三小时后再玩 QQ，这样玩 QQ 的时候不仅不会有负罪感，还会有任务达成时的快乐感和成就感。然后你“看完许多书”的大目标就由无数个“看三小时书”的小目标组成，每完成一个小目标，就离实现大目标近了一些。

今天，正是因为规定自己写完这篇文章才能去逛公园，才能去图书馆瞎晃荡，才能去看电影，因为这种推迟满足感的方法，我才能坐着写这么久。

## 及时自我奖励与激励

这一点在我 20 多年的人生中起到了至关重要的作用。本文一开头“工作一个小时后刷 5 分钟豆瓣”的方法其实也是一种变相自我奖励的方法。每当我做完一件需要花费很多时间和精力，或者有些挑战的事情时我就会立刻奖励自己。比如出门旅行，比如请自己喝个下午茶，甚至给自己买一个又红又大的苹果，等等，奖品各种各样，没有任何限制，但是都只在完成任务后才能得到。两年前，我拿到自考学位证的当天就请自己喝咖啡，吃蛋糕，然后高高兴兴地自我奖励与庆祝一番。成功是成功之母，做完事情给予自我奖励可以让人获得自信以及内心的满足感，有利于成功再生成功。文章开头，我干了一个小时的工作，跑到卫生间对着镜子喊：“你好棒啊，继续坚持下去，加油。”还会一边喊一边握拳，上下挥动拳头。这也是种自我激励的方法，我不知道对你有没有用，也许你需要自我探索下，寻找一种对自己行之有效的激励方法。

## 主动切掉诱惑

这篇文章写到一半的时候因为有人在 QQ 上找我聊天，我就立刻下了线，拔了路由器上的插头，这可以视作主动切掉诱惑。大文豪雨果治疗拖延症的方法大家都听过：他应酬很多，又喜欢出去玩，结果常常完不成写作计划。于是他把自己的衣服脱光，交给仆人拿走，这样他就不能光着跑出去了，只好待在房间里老老实实的写作。

雨果主动切掉诱惑的方法，你可以学习下。脱光衣服，远离网络，一定可以好好看书（不过如果天气实在太冷，冻生病就麻烦了）。我有个朋友为了克服“拖延症”，远离网络诱惑，做得更狠：他拔掉网线，抱着笔记本跑到卫生间，脱掉裤子，坐在马桶上写策划案，写好后再打电话叫同事给他送裤子。我建议你不要在宿舍看书，去图书馆看书，并且坚决不要带手机。没有手机，GPRS 也没有了，远离网络待在图书馆里你只能看书（不管男人女人就是要对自己狠一点）。断网，不带手机，远离有网络的环境，这是最狠最有效的方式。

## 假装没病，想象成功

这是我经常采用的方式，我明明是个患拖延症的病人，但是我要假装自己没病，健康得不得了啊。然后就会想，没患拖延症的人会怎么样呢？肯定是积极努力，高效勤奋，实干如牛啊，那我就假装这样呗，通常不用假装太久就成真了。我就真的成为了一个高效人士。

想象成功是这样一种方法，没写这篇文章之前我就想象自己已经写完这篇文章了，然后我内心是如何开心啊，我怎么肆无忌惮地出去玩啊，怎么毫无顾虑地吃饱喝足啊，豆瓣上大家怎么评论啊，等等。（你看，我就靠着这种假装与想象的推动，写了 5000 多字了，可见假装与想象的力量太牛啦！）

其实这种方法可以应用在一切想干还没干的事情当中。比如，你想去云南旅行，你就要想象自己正在旅行，吃了什么好吃的，看到什么美景，遇见哪些有趣的人，想象得越具体越生动，你离实现的可能就越近。因为这会激发一股强大的吸引力和行动力，让你把它梦想成真。这位同学，你可以想象自己已经考上研究生了，然后自己如何骄傲与兴奋啊，家人朋友如何赞赏与肯定你啊，研究生生活如何 happy 和欢腾啊，不知道这样你会不会更有看书的动力呢？

## 学会自律，学会全神投入

自律对人生的重要意义是不言而喻的。《少有人走的路》中说：“解决人生问题的首要方案，乃是自律，缺少了这一环，你不可能解决任何麻烦和困难。局部的自律只能解决局部的问题，完整的自律才能解决所有的问题”。自律是一个人一生都需要学习的能力，学习自律可以从一切小事做起。

我坚信，无论是在大事还是小事上，只要全神投入你就会获得乐趣与自信。犹太人认为，全身心地投入到每件琐事之中，比如做饭，打扫屋子，这都是神性的体现。其实，神性就是指的那个“吃饭的时候吃饭，睡觉的时候睡觉”寓言故事中的“禅”性。

可以通过练习冥想培养全神投入的习惯。“现在流行的佛教和瑜伽中的冥想能在一定程度上帮助我们训练集中注意的能力，排除外界干扰。这项结果也得到了神经心理学研究的支持——冥想可以提高大脑及与注意力相关脑区的活动效率，有助于提高人们的记忆和注意力。”

冥想有利于保持内心的安静，获得良好的自制力。巴尔扎克曾说：“一个年轻人，心情冷下来时，头脑才会变得健全。”我相信，当你自律而又全心投入某件事情上时，你一定会收获意想不到的生命惊喜。

# 和你道一声晚安

## 送给每一位晚睡的年轻人

最近收到几封豆友发来的邮件，主题都是有关睡眠问题的。其中一封如下：

meiya，看了你的文章，觉得你对痛苦的体验与理解和我很有共鸣，也看到你说自己失眠的事情，我一直在遭受失眠之苦，已有 10 多年之久，想问你是怎么熬过来的？我发觉睡不好会影响我的思维，以及工作的效率，所以还真是没法克服，是种硬伤，也就看运气能不能睡好，一直这么挨着，生活工作都无法有什么改进，何时是个头？

另一封也讲失眠问题的邮件：

你好，meiya 姐， 我看到你在《宁要一个完成，不要千万个开始》中说要早睡早起，建立良好的作息时间，你还说："你所有的大计划不能实现，只有两个小问题：早上起不来床，晚上下不了线。"我真的特别赞同啊。正因为看了这篇文章，我才决定给你写这封豆油。

我是个非常严重的晚睡强迫症患者，不到一点绝不上床睡觉，这种状态已经快两年了，很痛苦。白天昏昏沉沉，脑子不好使，晚上又生龙活虎，睡不着。每天晚上我都告诉自己要早睡，但是总是拖延到一两点，有的时候甚至三四点。我平常加班不多，不睡的时候其实也没做什么大事，也就是上网，刷微博、刷豆瓣、打打游戏、看看电影、视频什么的，就这样每天拖到一两点，其实我这样玩，一点也不快乐，每天我都挺自责的，还好上班地点近，每天一起来洗个脸就冲到公司去上班，因此常常也没空吃早饭。

我也看了你那篇讲拖延的文字《吃饭的时候吃饭，睡觉的时候睡觉》，觉得挺好的。我在其他事情上并没有那么严重的拖延，但是在睡觉这件事上真的是一点意志力都没有，我怎么这么不自律啊，真的有深深的无力感啊！

最近已经感到自己记忆力越来越差，身体也变得不如以前了，常常感觉到眼睛不舒服，头痛、胃痛、腰酸背痛什么的，情绪也不是很稳定。已经不记得上一次早起是什么时候，也没见过清晨的阳光。我觉得再这样下去，我就废了，可是我总是无力改变，你能帮帮我吗？如果你能回复我，真是太好了。谢谢你。

作为一个长期与晚睡，与失眠做斗争并其乐无穷的资深人士，我很愿意和大家分享自己对于睡觉这件事的看法。

某一个失眠的夜晚，凌晨两点，我打开收音机，听到一个电台传出男子磁性的嗓音：“时间是一把刀，把夜晚分成两半，一半的人熟睡了，另一半的人还醒着。”你是不是也同我一样，也是那一个大家都睡了却还醒着的人？长夜漫漫无心睡眠，我以为只有我睡不着觉，原来晶晶姑娘也睡不着啊！

你为什么还不睡？为什么睡不着？

1. 你身体感觉太热或者太冷？床太硬或者太软？窗帘透光？邻居太吵？旁边他（她）说梦话或者打呼噜的声音太大？

2. 你感冒了，鼻塞头痛，浑身难受，或者你生了其他的病，反正身体不舒服，所以你睡不着？

3. 你有神经衰弱症和忧郁症，常常整夜都不睡觉？

4. 你有失眠症，每天只能睡着 3 个小时？

5. 你极度珍惜时间，努力践行着爱迪生的名言："生前何必久睡，死后必将长眠。"你觉得早睡是对美好夜晚的浪费，是对生命的亵渎，是一种充满罪恶感的事情？

6. 你觉得白天是生存，夜晚才是生活。白天的时间是老板的，夜晚的时间才是自己的，你要做一些自己喜欢做的事情，于是愈夜愈生龙活虎？

7. 你觉得白天不自由，于是向夜晚要更多的自由，我晚睡我自由？

8. 你认为自己白天已经够累了，没有休闲娱乐的时间，晚上没玩够，舍不得早睡？

9. 你认为白天时间太短，夜晚的时间更长，可以享受到更多更美好的东西？

10. 你白天工作拖拖拉拉，没办法，只好晚上加班完成本应该白天就做完的事情？

11. 你总觉得白天心静不下，无法思考，做不了重要的事情，晚上你才能静下心来做你想做的事情，比如写作、看书、做报表、写报告等？

12. 你晚睡你骄傲你优越，因为当别人都睡着了，你还醒着，感觉自己比别人多活了三分之一的时间？

13. 你有晚睡强迫症，长期以来已经习惯晚睡了。明明知道晚睡不好，但是依然控制不住，天天拖延到深夜一两点才睡？

14. 你内心焦虑不安，你觉得自己还有许多要紧事没做呢，还有许多计划没完成，这一天就要过去了？

15. 你工作繁忙，压力重重，你正在办公室里加班，脑子里想着明天要是交不出方案会被老板骂得狗血喷头的情景，忍不住心惊胆战，做完这个方案，你还有一堆邮件要处理？

16. 你空虚，觉得自己这一天什么都没做，实在不甘也不舍得就这样睡去，于是通过晚睡这种方式进行自我救赎？

17. 你单身，你寂寞，漫漫长夜也没个对象聊聊天，也没有人和你说晚安，晚安（wan an）多重要啊，它的另一种含义是："我爱你，爱你。"于是你越感孤独寂寞冷？

18. 你欲火焚身，决定撸完这一发再睡，撸之前当然要看一下苍老师的教学视频？

19. 你正陷入热恋，躺在床上煲电话粥，发肉麻短信等待对方回复直到东边露出鱼肚白？

20. 你为情所困，你爱的人不爱你，你苦苦沉浸在痛苦的思念之中无法自拔。那个人到底爱不爱我，为什么不爱我？

21. 你失恋了，心碎痛心，回忆过往，流泪满面，辗转反侧，难以入眠，你不断自问：他（她）为什么要离开我？

22. 你忧愁，你无眠。大学要毕业了还没找到工作，怎么睡得着？

年龄大了还没有找到对象，怎么睡得着？要升职了竞争很激烈，怎么睡得着？要结婚了还没有房，怎么睡得着？孩子要念幼儿园了，还没有找到合适的，怎么睡得着？

……

360条还不睡，睡不着的理由，总有一条适合你！

当你不睡觉时，你都在干什么？

1. 夜晚9点半，你还在办公桌前加班。

2. 夜晚10点，你还在KTV里欢唱。

3. 夜晚10点半，你和朋友在路边吃夜宵，烧烤、啤酒、真心不错。

4. 深夜11点，你陪客户，或者你是被陪的客户正在天上人间纸醉金迷。

5. 深夜11点半，你一边网购，买了许多并不是那么需要的东西，一边和QQ上的美女调情正浓。

6. 凌晨12点，你游荡在酒吧，穿梭在醉意朦胧的男男女女中间。

7. 凌晨12点半，你玩游戏正high，热血沸腾，马上就要通关了，你跟自己说玩完这一局就睡了，但是好像总是失信于自己。

8. 凌晨1点，你其实什么都没干，只是在家对着电脑刷着屏，发着呆，从一个网页跳到另一个网页，看完一个视频接着另一个视频。

9. 凌晨1点半，你已经躺在床上了，但是还在用手机刷着微博，上着豆瓣，发着微信，看着小说。

10. 凌晨两点，你刚看完欧洲杯，还兴奋得很哪，并不想睡觉。

11. 凌晨3点，网上人少了许多，你感觉世界好像终于静下来了，于是你终于决定睡去了。

一项网络调查显示，近三年来一直困扰着网民的睡眠问题排在第一位的是失眠，并且呈现逐年上升的趋势。我国成年人失眠率是38%，高于全球30%的平均线。其中，50%以上的学生都睡眠不足。中国人睡眠时长正在不停缩短，在大城市，有许多人睡眠不足6小时，睡觉时间更是不停延后。在写这篇文之前，我在自己的豆瓣广播做了一个调查："晚上你大约几点睡觉？"170人回答了这个问题，绝大多数人都在12点以后睡觉，12点之前睡觉的人寥寥无几，两三点才睡的人为数很不少，还有两个的回答是清晨五六点（这时候我都快起床了）。有一天凌晨三点，我失眠，在豆瓣上发了条广播，结果好多豆友也失眠醒着，回应了我的广播，让我非常吃惊。豆瓣上有个"晚睡强迫症"小组，我刚看了下，成员已经达到5.4万人，看来晚睡已经成为了一个集体性的问题。

中国城市人晚睡、睡不着从一个侧面反映了经济的繁荣与发展。一个地方睡眠时间的长短与经济发展通常呈反比例关系。一个地方人工照明的数量、时长可以反映经济的发展水平，它们呈正比的关系。灯很多在亮着，睡觉的人就少了。香港维多利亚港璀璨的灯火表明了香港的繁荣，上海外滩璀璨的灯火也表明了上海的繁华。所以在房地产行业中，为了表明一个购物中心的人气，常常骄傲地喊出诸如此类的广告语："一个24小时醒着的地方""一个不夜城""越夜越精彩""一个灯火辉煌的地方"。

相反地，离开城市，在中国的大多数乡镇，9点一过除了路灯到处都是黑的。有的地方甚至连路灯都没有，真是又黑又静。同样，在中国的乡镇，睡眠并没有成为一个集体性的问题。

城市人晚睡、睡不着并不是简单的生理问题，它更像是生理问题、心理问题、社会问题三者的结合体。大家从晚睡、睡不着的原因中可以窥见一斑。

人的一生中有三分之一的时间在睡眠中度过，睡眠质量的好坏与我们的身心健康息息相关，密不可分。睡眠不好对身体产生的坏影响，大家从第二封来信就可以看出来，这里我就不再赘述。中国目前由于医疗制度的缺陷，缺乏专业的睡眠治疗机构，睡眠问题都只是归入呼吸科、内科，所以很多人有失眠问题都选择自己扛着，或者自助。

在武侠的世界中，每个练武者都有一本《武林秘籍》，在睡眠的世界中，每个失眠人士都有一本自己的《助眠宝典》，针对晚睡、睡不着的原因，再结合自己多年的战晚睡、战失眠的经验，我将自己的《助眠宝典》与大家分享。

1. 不要草率地给自己贴标签。如果你并没有连续 20 几天持续睡不着、晚睡，只是因为诸如失恋、情绪低落、被领导批评、工作不顺等，那么，不要给自己贴上失眠症、晚睡强迫症、抑郁症之类的标签。这并不是一件值得赶时髦的事情，因为一旦贴上标签，你容易躲在这个舒适的标签里，不愿对自己负责，没有改变自己行为的动力和能量。

2. 纠正对于睡眠的错误认识。睡觉并不浪费生命，也无须感到罪恶。早睡是一种健康的生活方式，也是一种积极的养生方式。人在睡眠时，脑力和体力上都得到了修复，睡得好才是真的好，皮肤、气色、情绪、消化系统、免疫功能都会变好。一个人晚上睡得好，第二天的生活才会更有干劲，更美好，未来才会更美好。

3. 主动出击，积极面对。保持积极乐观的心态，相信自己只要行动起来，是有能力改变这种晚睡的不良习惯的。面对晚睡强迫症不要自暴自弃，无力无奈。哥们儿，别干坐着发呆，你得做点什么呀，比如，我常常做的：洗个热水澡，泡一个热水脚，喝一杯热牛奶，做一些让身体放松的动作，睡前阅读一本书。这些睡前的一整套动作既可以将你的注意力从强迫症上转移开，又可以带你进入一个睡眠的状态。每天睡前我都有这么一套动作，其中，读书是我最喜欢的，能让我睡前最轻松的方式。抱着一本书躺在床上阅读，困了将书往床前的矮凳上一放，沉沉睡去。关于书的种类选择有很多，你可以选择枯燥难懂的书催眠，也可以选择幽默风趣的书催眠。

4. 给自己营造一个舒适的睡眠环境。舒服洁净的被子，高矮适度的枕头，软硬大小合适的床，遮光的窗帘，隔音的窗户，适宜的温度，营造安静的外部环境，睡前还可以点一些香薰，涂一些芳香助眠的精油，听几首轻音乐，这些都有利于睡眠。

5. 管理好白天的时间。不要认为很多事情白天干不了，干不好，是不良的心理暗示。我有个朋友认为白天写不了文章，只有夜深人静的时候才能安心写稿，其实白天一样可以写稿子，只要自己开始动笔写起来，就会投入其中。学会积极地在白天做科学的时间规划，提高白天的工作效率，避免拖拉，将工作任务在白天完成，把晚上留给睡眠。

6. 每天适当运动。适当地运动可以释放压力和其他不良情绪，也帮助身体进行舒展，加速新陈代谢，有助于夜晚的睡眠。我个人建议晨跑，当你起来晨跑后，你会感觉到一股积极的情绪。当你一旦开始早起，会更倾向于早睡，只要坚持一段时间，你自然会形成早睡早起的习惯。积极的一天从晨跑开始，所谓一日之计在于晨，几个积极的早晨组成积极的一周，积极的几周组成积极的月，进而会拥有积极的一年，这力量不可小觑。

7. 远离网络，珍惜睡眠。现在很多人的睡眠时间被上网霸占了。本应该安心睡觉的时间，你却在网上漫无目的地闲逛，对着网页不停刷新，既刷不出金钱，也刷不出爱情，没有生产力，也没有生产关系，只会伤害身体健康。其实，少刷新一下微博对你的正常生活不会产生一根头发丝的影响。我常常好几周不看电视，不刷新微博（但是上豆瓣时间不少），一样生活得很好，并没有被时代抛弃的感觉。其实你接收的资讯已经泛滥，你并不需要那么多资讯，获得大量资讯并不能提高自己内心的安全感，自信才是安全感的来源。

8. 过一种充实的生活。很多人因为白天闲得蛋疼，所以晚上心慌、不安、迷茫，迟迟不肯睡去。如果白天有一个充实的生活，晚上就可以避免不安与自责的情绪，安然入梦。如果你是学生，白天就好好上课，认真学习；如果你是上班族，白天就努力工作，积极干活；如果你是家庭主妇，白天就勤劳操持，把干家务当减肥。你还可以培养一两样自己的兴趣爱好，充实自己的人生。我相信当你过上一种充实的生活，不仅会睡得好，生活还会出现其他新的改变。

9. 学习自律，加强对自身的睡眠管理。你的工作不需要通宵加班，你也没有生理上的障碍，你晚睡只是因为自控能力差，那就要下定决心学会自律，提高自身的睡眠管理的能力。我的偶像村上君的自律精神是非常值得学习的，在《作家访谈》中说，当他开始写一本小说时，通常4点起床，伏案写作五六个小时，然后吃点东西休息一下，然后进行跑步、游泳、看书、听音乐等活动，晚上 9 点准时就寝，而且一坚持就是半年或者一年。

10. 减少欲望，过简单的生活。很多人睡不着的原因是被欲望所奴役，房子、车子、票子搅得人不得安宁。以前我觉得满足欲望才能快乐幸福，但是我们的欲望是无限升级的，欲壑难填，如何能追赶上欲望升级的速度。我渐渐发现有钱并不会带来更多的幸福感，名利也不会带来幸福感，幸福往往来自拥有一颗感知细微幸福的心。减少欲望，过简单的生活，你自然会有一颗安宁的心，一份安然的睡眠。国内首家睡眠中心创始人戎兴旺说："真正毁人的是对成功的强大欲望。一定要成就一件事的心理，迫使他陷入一个超高压力状态中停不下来。所以，所谓主动地调适，首先是树立一个适合自己的正确价值观，其次才是寻找解决睡眠和心理压力问题的办法。"我想他表达的意思和那句"走慢一点，让灵魂也跟上"是一样的。

每年的 3 月 21 日是世界睡眠日，在这一天全球性健康睡眠主题公益活动中有一个"多睡一小时"的活动。不知道在这一天你睡了吗？虽然我高音上不去，低音下不来，但最后还是想给你唱一首我喜欢的《晚安曲》，和你道一句晚安，祝你好梦！

让我们互道一声晚安  
送走这匆匆的一天  
值得怀念的请你珍藏  
应该忘记的莫再留恋  
让我们互道一声晚安

迎接那崭新的明天

把握那美好的前程

珍惜你锦绣的人生

愿你走进甜甜的梦乡

祝你有个宁静的夜晚

晚安

晚安

再说一声

明天见

# 熟能生巧常有，而出奇制胜不常有

## 人人都有一段“秘诀 fans”期

有网友写邮件说自己也喜欢写作，但是总是感觉自己写不出东西也写不好，问我如何提高写作能力，有什么写作的秘诀可以分享一下。还有网友问我如何提高阅读速度，有什么快速阅读的窍门没有。

他们都提到了“秘诀”“窍门”这类的词，这让我想到少女时代的自己。在我那逝去的青春岁月里，有段时间特别迷信所谓的秘诀、窍门之类的书，就跟一只快乐的小狗一样嗅着骨头的香味到处寻找，只要包含各种数字和“快速”“捷径”“必胜”“窍门”“秘诀”等字眼的书就是我的骨头，我都啃得津津有味，认真研读，涉猎广泛。什么“快速学习的 8 个秘诀”“教你十天攻克几何难题”“高速阅读理解必胜 12 式”“每天只需 5 分钟，30 天摆脱哑巴英语”“18 个快速搞定男 / 女朋友的小窍门”……我居然都翻了个遍，一见到英语学得好的人我就凑过去笑嘻嘻地问别人：“你学习英语的秘诀是什么呀？”人家通常赏给我两颗大大的“卫生球”就走了。直到某一天，我这名“秘诀fans”再也不问别人这样的问题了，因为我已经长大了！忽然明白了一切学习的窍门！

是不是每个人都会经历这样一段“秘诀fans”时期？就像电影《东邪西毒》里说的那样：“每个人都会经历这样一个阶段，见到一座山，就想知道山后面是什么。”也许只有做过一段秘诀fans，经历过这样一个阶段，你才甘心接受这个事实：一切的学习都没有秘诀，没有捷径，没有窍门，只有老老实实，脚踏实地，不断付出努力。

关于如何提高阅读和写作的能力，我用几个字就可以同时回答两位的提问。秘诀很简单：多读多写。多么无聊的答案，但这是真的，我连一根头发丝都没有骗你们。这是我亲身的体悟，可能是我比较笨吧，写了十几年日记，才终于能把一句话讲利索。英国作家毛姆在谈读书时也表达了类似的观点：“人人都会跳跃式阅读，但是跳跃式阅读又不受损失并非易事。在我看来，这即便算不上天赋才能，大概也要积累大量的阅读经验后才能获得。”你想读得快，写得好，都要累积大量的读写经验。

所谓的秘诀也好，诀窍也罢，都是少花时间又做得好的意思。其实这种事情不是完全不存在，只是普遍不存在。我相信有学习方法和技巧，这是一些人花了许多学习时间之后才摸索总结出来的，但这些方法和技巧也许只针对他们自身有用，并不适用于所有人。学习方法和技巧也不是固定的，没有好坏。它往往因人而异，只要对你有用就是好的学习方法。我有个朋友在人很多的商场和地铁车厢里学习效果最佳。我还有一个朋友一边嚼口香糖一边背单词记得又快又好。

## 时间花在哪里是看得见的

亦舒论女人时曾说：“一个女人的时间花在哪里是看得见的。”其实这句话适用于任何人，并不分男女。我大学里有个女朋友，把所有的时间都花在恋爱上。一场接着一场谈下来，毕业时她在谈恋爱这事情上积累了丰富的经验，成为了恋爱达人，对如何钓到金龟婿很有心得。还有一个女朋友把所有的时间都用在学习上，几年下来拿到不少奖学金，毕业的时候以优秀的成绩考上了研究生。我有个男同事把工作之余的大多数时间都投入到学习英语中，现在他办了一个英文补习班。你在哪一方面花了时间，那一方面就会回馈给你成果，一切的付出都不会白费如流水。学习如是，工作如是，恋爱亦如是。

我当然相信有天赋、才华一说，但那只是少数人的专利，天赋和才华这类东西如果后天不加以打磨，往往并不长久，就像王安石《伤仲永》里面的那个五岁神童方仲永，不注重后天的教育和学习，最后只能“泯然众人矣”。相比天赋、才华我更信奉 10000 小时的天才理论——一个人如果想要在一个领域成为最出色的人或者大师级的人物，必须至少投入 10000 个小时才行。 10000 小时代表的是一个持续不断的努力过程，也代表一个日积月累的过程。

村上春树这样谈自己写小说的事情：

“值得庆幸的是，集中力和耐力与才能不同，可以通过训练于后天获得，可以不断提升其资质。只要每天坐在书桌前，训练将意识倾注于一点，自然就能掌握。这同前面写过的强化肌肉的做法十分相似。每天不间断地写作，集中意识去工作，这些非做不可——将这样的信息持续不断地传递给身体系统，让它牢牢地记住，再悄悄移动刻度，一点一点将极限值向上提升，注意不让身体发觉。这跟每天坚持慢跑，强化肌肉，逐步打造出跑步者的体型，乃是异曲同工。给它刺激、持续。再给它刺激持续。这一过程当然需要耐心，不过一定会得到相应的回报。”

他还谈到优秀的侦探小说家雷蒙德·钱德勒曾在私信中说过的话：“哪怕没有什么东西可写，我每天也肯定在书桌前坐上好几个小时，独自一人集中精力。”这是一种对他来说必不可少的日常训练。

无独有偶，台湾畅销书作家吴淡如也有类似的经历。某一天和恩师林清玄聊写作的事情。那时她还只是一个小编辑，也写了几本书，但是怎么写都不畅销。林清玄听了，诚恳地说：自己每天都会写三千字，对他来说，已经是一种习惯了。听了老师的话，吴淡如开始每天至少写两千字，即便写不出自己想写的东西来，那就写一些无聊的消息稿或者整理访问稿。后来她成了台湾家喻户晓的畅销书作家。她说：“日积月累，是笨功夫，但也是最聪明的事。”

只要有心，愿意花心力，跟随时间累积力量，任何技能经过反复练习，持续地努力，一定都能掌握。一个人对一项技能的掌握程度跟他的努力程度和思辨能力成正比。

## 善用“皮格马利翁效应”

塞浦路斯国王皮格马利翁很喜爱雕塑。一天，他成功塑造了一个美女，爱不释手，每天以深情的眼光观赏不止，还和她聊天说笑，竟对自己的作品产生了爱慕之情。看着看着，雕塑美女竟活了，变成了真的，并娶她为妻。

这个故事被称为“皮格马利翁效应”，揭示了一条心理学：赞美、信任和期待具有一种正能量，能改变人的行为。这种效应被广泛应用在教育和管理领域，比如，当一个老师喜欢一个学生，并认为他有价值，有潜能，给他很多正面评价时，这个学生便感觉获得了社会支持，从而增强了自我价值，变得自信、自尊，获得一种积极向上的动力，并尽力达到对方的期待，以避免对方失望，从而维持这种社会支持的连续性。这就是那些获得家长、老师很多表扬的学生会变得更优秀的原因之一。领导管理员工时，给员工正面的评价和期待，员工往往会工作得更努力，更出色，也是这个原因。

我觉得“皮格马利翁效应”可以应用在一切学习上，增加学习兴趣，促进学习行动。

就拿如何提高阅读和写作的能力来举例吧。首先你要真心喜欢阅读和写作，也就是你要对这件事情感兴趣，假如你是皮格马利翁，首先，要爱你的雕塑。其次，你愿意在爱它这事情上行动（多花时间）。因为感兴趣你才愿意去行动，愿意把时间花在这件事上，因为你花了许多时间在这件事上，你才会获得进步，有所提高，这反过来会增加你的兴趣。“兴趣”和“行动”相辅相成，彼此促进。做一件事，兴趣带来的热情只是最初的火种，想要形成燎原之势还需要我们持续不懈地投入，因为投入之后你会收获“干得好”，这种成就感会激发你继续努力。人是因为把一件事情干得越来越好才越来越有兴趣的，并不是单单对什么感兴趣才干得好的。你多读多写就会因为阅读和写作能力的进步获得成就感，这会促进你继续多读多写。善用“皮格马利翁效应”，兴趣和行动就会形成良性循环。

这跟谈恋爱一个样。你因为喜欢他（她），所以愿意花时间和他（她）在一起，随着付出得越多，对方给你的回应越多，你就会越喜欢他（她）。说到底，人是一种会爱上为自己付出的生物。这付出的内容包含时间、精力、劳动、金钱、感情……

一个人要找到自己喜欢做的事情，然后在这件事情上投入时间和精力，就会把这件事干得越来越出色，超过大多数人。

## 熟能生巧常有，而出奇制胜不常有

我有个女朋友驾照拿了一年半，把车开到那个方方正正的停车位对她来说绝非易事，和她开车出去，停车时经常要下车，负责做手势喊“倒……倒……好……再过来一点……”之类的体力活。

开车进入地下停车库时恰当地停在那个取票或者取卡机前，对她来说也是一大难题（不是太远手臂够不着，取不到票，就是太近差一点撞上去）。后来某一天，她忽然把车稳稳当当、分毫不差地停在取票机前，车窗户刚刚好对着那张吐票的口，真是在时间无涯的荒野里没有早一步，也没有晚一步，刚巧赶上了，那也没有别的话可说，于是她兴奋地说：“噢，你也在这里吗？”

熟悉她的我知道她是如何成功做到这一点的，当然不是什么好狗运，也不是出奇制胜，而是因为熟能生巧。她考了驾照之后没有买车，因为买不起车。那时，她的男朋友是个有车的主，于是经常借男朋友的车练习。与男朋友分手之后，她自己时常租车开，有的时候载着我们出去玩，有的时候自驾回老家。开得多了，她自然熟能生巧了，常常有人赞她车开得好。现在她新交了男朋友，连她未来的公公（坐过她开的车）都夸她车开得好。与那些考了驾照依然不会开车的人比起来，我这个女朋友真的还蛮厉害的。

有个女同事的姐夫因为喜欢做饭，又下班早，于是天天下班以后回家为全家人做第二天的便当。我观察女同事的便当发现，原先她姐夫切的土豆丝只能称为土豆条，随着时间的流逝，他切土豆丝的功力日益精进，现在已经丝丝分明，根根纤细均匀。那个女同事说："我姐夫现在的土豆丝不仅切得又细又匀，还切得相当的快。我站在旁边看着他切，忍不住发出感叹：神厨啊！"

我想到令我佩服的台湾艺人蔡依林。她长得不漂亮，身材很一般，歌唱得也马马虎虎，智商和普通人差不多，如果她没有化妆，没有后来的丰胸塑形，皮肤保养，她站在人群中就是普普通通的女孩子，但是她居然红了十多年，这真他妈励志啊！红的原因很简单，因为她非常努力和勤奋，一直挑战自己的极限。她学习跳舞，学习音乐，努力瘦身，保持体重。她会讲流利的英文，能用 20 秒换装，会做美甲，还出了两本书，一本谈学习英文，一本谈瘦身。原本四肢僵硬，跳舞会"同手同脚"的她经过刻苦学习和努力训练，不仅会鞍马、吊环等体操，还会跳折手舞、彩带舞、钢管舞等舞蹈，不单单只是完成舞蹈动作，还跳得流畅优美，舞姿动人，创新奇巧。在演唱会上看她的表演，歌迷都会大呼来得值得。她说："每个人都没有学不会的东西，是要看你有没有心。"

韩愈在《马说》里讲："世有伯乐，然后有千里马。千里马常有，而伯乐不常有。"同样，世有熟能生巧，然后有出奇制胜。熟能生巧常有，而出奇制胜不常有。

# 这有什么用？

## 那些年，因为没用而夭折的爱好

小时候我喜欢种植花花草草，经常上完课回到家在院子里施肥忙得不亦乐乎，还看了许多“看图识植物名”的书，懂得分辨月季和玫瑰，通过闻花香就知道是茉莉开了，还是栀子花开了，还懂得扦插技巧。我妈当时经常对我说的一句话是：这有什么用？别搞那些没用的！小时候我也喜欢看书，天天捧着各种国内外小说、诗歌在看，看得天昏地暗，废寝忘食，还做读书笔记，偶尔心血来潮还写几行诗歌。我妈又说：这有什么用？别搞那些没用的！

中学有段时间，我很迷恋十字绣，看到同学绣的钥匙挂坠很美，也买了材料回来自己来做，费了很多心力绣了两只鸳鸯。我妈还是那句话：这有什么用？

我小学有个女同学很喜欢手工编织，不仅会用毛线织出各种好看的围巾图案，还用各种彩线编出好看的手链，大家都很喜欢和她交朋友，因为她会送这些漂亮的编织品给朋友当六一礼物或者生日礼物。但是后来因为她妈说：这有什么用，好好学习！于是她就放弃了喜欢的编织。

我有个初中同学他想学弹吉他，他自己买了一把吉他在家练习的时候，他爸就问：这有什么用？后来他因为多花了时间在练习吉他上，学习成绩有所下降。其实，只是下降了一点，他爸就勃然大怒，砸了他的吉他，还骂他，玩物丧志！

相比这位同学的遭遇，我还是很庆幸的。我妈既没有砸了我的花盆，撕了我的书，也没有把我的十字绣给扔掉，只是对自己的女儿表达出“恨铁不成钢”的气愤与无奈。所以我能偷偷摸摸地保持着自己的阅读兴趣，至今毫无压力，光明正大地享受阅读的乐趣。

我相信有很多人少年时期都有这样的经历，如果学校要求报名参加奥数班、奥数竞赛或者物理班、物理竞赛，如果获奖了，中考、高考有加分之类的，父母一定会积极让你报名，觉得这个很有用。但是像养花、读小说、绣十字绣，做编织、学吉他之类的事情就会被父母认为没有用，过分的父母就像我同学的那个父亲以没有用，浪费时间，荒废学业为由大力阻止并破坏我们从事这些活动。

我们所有的兴趣爱好就在父母“这有什么用？”“学习是最重要的，不要耽误学习！”“那有什么用，不要玩物丧志！”的斥责和勒令声中夭折了，消失了，我们除了学习还是学习。于是，我们就像电影《那些年，我们一起追过的女孩》中沈佳宜说的那句台词：“除了学习我什么都不会……”青春期的中国孩子，学习就是生活的一切，生活中除了学习什么都没有。再长大一点，参加工作后，发现生活中除了工作什么都没有。每当别人问我们：你喜欢做什么？我们答：不知道。你有什么兴趣爱好？还是答：不知道。这个时候我们开始感到无聊、迷茫甚至恐慌：我怎么连个兴趣爱好都没有啊，我甚至都不了解自己喜欢什么？我收到非常多这样的邮件，许多大三大四的学生不知道自己喜欢什么，想做什么，有的甚至完全不了解自己，觉得生活很苦闷。这是因为在他们小的时候，我们的家长、我们的教育环境，就没有给他尝试“没用”事物的机会，没有鼓励他自由地探索自己的天性，而是一味地读“有用”的书，我觉得这真是中国式教育的悲哀，也是年轻人生命不能承受之重。

这种“一切以学习为重”“做什么事情一定要有用”的教育方式除了使得孩子丧失自己的兴趣爱好，还造成了一个不好的影响：厌恶学习。原因是：学习很痛苦。经历过中考、高考的残酷，以及为了考试而填鸭式学习的阶段之后，很多人会对学习产生厌恶和抵触情绪。我经常听到很多同学恶狠狠地发誓：老子再也不学习了。身边有些朋友会告诉我，现在只要一拿起书就犯困，还时不时地做“正在考场上考试却怎么都记不起答案，痛苦焦虑”的噩梦。

在很多人的心中学习就是为了考试，为了升学，所以一旦没有了考试升学的压力后他们就再也没有读过一本书。我身边的许多人大学毕业后就没有读书和学习的习惯了，不要说习惯，有的甚至再也没有认真看过一本书。我有个朋友看到一部外国电影中的一幕：一个年轻的伐木工人坐在自家的门口给父亲朗读惠特曼的诗歌时会大声惊呼：“这也太假了吧，伐木工人还读诗呢，他又不要参加考试。”他的话真的把我雷倒了，同时也认识为了考试而读书的观念是多么深入中国人的心呐。

## 功利的人生态度危害多

中国从古代起说起读书，就带着很强的功利性。“书中自有千钟粟，书中自有黄金屋，书中自有颜如玉。”这是指为了科举考试而读书，跟我们现在为了应试而读书还是一样。当然现在也有人不单单是为了考试而读书，为了充实自我，为了愉悦身心，为了打发时间而读书，但这毕竟还是很少的一部分，大部分人是不读书的。

这有什么用？这个问题伴随着许多人一起长大。他们越长大越常被别人问：这有什么用？这导致长大后的他们也成了问“这有什么用”的大人。“这有什么用”是一种功利的态度，而有没有用的评判标准则是能不能带来现实的好处和利益。这种评判标准形成一种固定的思维模式嵌进他们每一个人的大脑中。于是他们在生活的方方面面都变得很功利。最爱问的问题之一就是：“这有什么用？”听说你在学习法语，他们会问：这有什么用？你说你准备穷游中国西北，他们会问：这旅行有什么用？你说你正在参加一个志愿者活动，他们依然还会问：这有什么用？这有什么用还衍生出许多其他版本：这真的有用吗？你确定这样做有用吗？这到底有没有用啊？

比如，他们听说我在跑步健身，就会问，跑步会不会使女生的小腿变粗，肌肉变硬啊？我说，只要跑完，然后耐心地做拉伸运动，就不会把腿变粗。他们会问，这真的有用吗？

比如，他们听说别人采用半个月都只吃蔬菜色拉并且每天快走一小时的方法来减肥，他们会问，你确定一定以及肯定这有用？

比如，他们了解朋友正在采用现在比较流行的“词根词缀记忆法”背英文单词，他们会问，这到底有没有用啊？

其实，我特别能理解他们的思维方式：我当然热爱学习啦，但是如果这些事情没有用，我就不要去尝试。没有用的东西我还去做，不是浪费时间、精力还有金钱吗？我的时间、精力还有金钱都是很宝贵的，不能浪费哦！我要把时间、精力还有金钱花在 100% 有用的地方。

首先，不管什么方法，如果你不去尝试，怎么会知道有没有用呢？有的方法对别人有用，对你也许就没有用，但是这个结果必须是在你实践之后才能得到。实践是检验真理的唯一标准。你都不去实践，这个方法不管有用没用都对你没有用，也跟你没有半毛钱关系。

其次，这种对人生的功利态度，导致你失去了生活中的许多乐趣，你没法从简单的事情中获得快乐，也无法扩展自己的人生宽度。比如，因为你觉得结交某一个新朋友对自己没有用，所以错失了认识朋友的机会。比如，因为你觉得学习一项新的技术对自己没有用，所以你失去学习的乐趣和动力。再比如，因为你觉得和这个正在追求自己的人谈恋爱没有用，这个人既不能让自己生活质量提高，也不能帮助自己实现人生梦想，所以你就拒绝了一段美好的爱情。就这样，你在“有没有用”的衡量标准中失去了生活。

第三，这种急功近利也让你变得越来越懒惰，不愿意花很长时间去做某一件事，所以市面上各种“强化班”“冲刺班”“速成班”“快速提高”等各种学习培训与教材会越来越火，但这只是贩卖幻觉而已，你会在这条功利的道路上越走越远，越走越窄。事实上没有哪一种学习是速成的，没有哪一样收获不需要长久的付出。

最后，因为不爱实践，过分依赖于他人告诉自己这个有没有用，那个有没有用，你会变得缺乏独立思考和判断的能力。在这个信息爆炸的时代，独立思考和判断的能力比什么都重要，它能够帮助你看清事物的本质，拥有自己的想法，你才不会被他人忽悠，才不会人云亦云。当你拥有自己的思想和见解，对人对事有自己独立的判断时，就不会因为外界的传媒导向而患得患失，失去自己，它是一个人在世上安身立命的精神支持。

蔡康永说："爱情、光荣、正义、尊严、文明，这些一再在灰暗时刻拯救我、安慰我的力量，对很多人来讲'没有用'，我却坚持相信这才都是人生的珍宝，才禁得起反复追求。"对这句话我深表认同，也坚信人生并不是单单拿来用的，许多我们以为没用的东西却是美好的珍宝。我希望你以后不要再问，这有什么用？那有什么用？问之前自己去实践一番，到底于你有用没用你才能知晓。只有愿意不停尝试的人生之路才会越走越宽，充满活力，别样精彩与丰富。

# 没得选择和选择困难

## 我没得选择，我是被逼的

我有一个女友人长得漂亮又收入颇丰，前段时间遭遇男友劈腿，失恋了，很痛苦。更令她气愤的是前男友找了一个长相、身材、工作等各方面看起来都不如她的姑娘。虽然她和前男友已经老死不相往来，断绝了关系，但是她却是余恨绵绵无绝期啊。每次打电话或者约会她总是要和我哭诉，痛骂负心汉，还问我各种各样的问题：他为什么离开我啊？我哪里不好啊？我做错什么了吗？那个女人有什么好的呀？因为知道失恋的人很痛苦，所以每次我都很有耐心地安慰她，陪伴他，和她一起分析前因后果。

后来我发现，经常是我还没分析原因，她自己就先抢白了，在那边自问自答，絮絮叨叨，没完没了。往往这次安慰结束之后，下一次又跟复读机一样循环播放，把他们交往过程中的大小事情又从头讲一遍，一会自责，一会怨恨对方，她自己一次又一次充当悲剧女主角。我发现自己的安慰不仅于事无补，她还越来越悲苦，我拥有这么强大正能量的人也感身心疲惫。后来，看到她的来电，我感觉就跟鬼来电一样，一点都不想再接她的电话。最近一次约会，我又听复读机重播悲剧故事，忍不住咆哮："你到底要干什么？一直当受害者，有意思吗？你想清楚自己要的是什么再来找我吧！我不会再浪费时间安慰你了！"

她怔住了，然后非常委屈："什么叫我想要什么啊，我是被逼的，完全被动的。我真的没得选择，你以为我想这样吗？" 这些话听起来是不是很熟悉？你是不是也有这样的受害者思维？我们很容易陷入这样的思维之中，觉得自己没得选择，无法做决定，一切都是被逼的，我们的境遇是无法由自己做主的。一旦被这样的思维捆绑，你就变得盲目，根本看不清自身处境，在同一个问题上不停兜圈子，重复痛苦，无法决断。我承认我经常就有这种"受害者"情结。

有一段时间为了攒钱去西藏，我执行了一个"开源节流"的计划。"节流"当然是省钱，"开源"则是找一份兼职。我把想找兼职的想法告诉自己一个朋友，恰好他的朋友办了一个幼教中心，正需要老师。通过面试和为期一个月的培训，我正式成为幼教中心的思维数学老师。每个周末，我都要赶场子一样去给孩子们上课，这家上完匆匆赶去下一家，连喝水、吃饭、上厕所的时间都没有，工作很辛苦。

那一年冬天非常寒冷，上完一节课后，我在公交车站等车，赶去另一个区给另一个孩子上课，可是我站在冷风中等了半个小时都等不到那辆公交车，我全身冻得僵硬，男孩的母亲又打电话过来催促，我感到非常地绝望。于是哭了，为什么我要去上课？为什么我要遭受这样的痛苦？我真是没有办法，我是被逼的。因为这一次的遭遇我开始不愿意去上课，每次上课之前都很痛苦，纠结，苦苦挣扎一番。有一天去上课的路上遇到大雨，我这种受害者情绪又开始翻涌。为什么我这么悲催，我没得选择，开始怨恨起这份工作。我站在路边便利店的屋檐下，开始思考：你是为了去西藏而选择这份工作的。如果你不想，随时可以放弃。你并不是没得选择，被逼无奈。一切都有选择，除了生死。想通这一点后，我开始心平气和地去上课。

有的人会抱怨，我是个房奴，我每个月要还房贷，没有办法。其实，当他实在不愿意背负房贷的时候，可以选择放弃房子；有的人抱怨，我讨厌这个工作，但是我没办法，还要继续做，其实当他真的厌恶这份工作到无法忍受时，他可以停下来；有的人会抱怨没有钱的父母，你看我多苦，多惨啊，都是因为我没有出生在有钱人的家里，这看起来是个没法选择的事实，但是你依然可以选择，选择看待这件事情的态度，是选择负面的态度：我家里穷，所以我只能这样自暴自弃，继续受穷，还是选择正面的态度：因为我家里穷，所以我更要依靠自己的努力，好好奋斗，我的父母养育我不容易，所以我更要对他们感恩，努力成为他们的骄傲？

其实，你一直都有选择，你选择工作，选择伴侣，选择自己要过的人生。人生每一刻都可以选择，你就是自己人生大船的掌舵者，你随时都可以出发，随时可以转向，随时可以回港，随时可以停泊，一切都听凭你的选择。

我们并不是没得选择，而是每一刻都可以选择，但是我们却故意不做选择，用“没得选择”作为自己不选择的借口。任何人的内心都害怕做选择，因为选择意味着另一种放弃。你做选择的时候伴随着放弃某个人，放弃某种欲望，或者放弃某件工作或者某种舒适的环境，总之是与自身原本熟悉适应的东西分离，同时要开启全新未知的一种生活。分离会造成痛苦，未知会造成恐惧，没有人喜欢痛苦和恐惧，为了不与痛苦和恐惧正面交锋，人们逃避选择。世界上有这样一类人，因为害怕痛苦，害怕承担责任，所以逃避选择，以为不做选择问题就会自行消失，可是事实上并不是这样。不勇敢地做出选择，问题就一直存在，永远不会消失。不早做选择，问题就不能早一点解决，如果一直拖延下去，直到后来不得不做选择的时候，后果往往很惨重。

我们喜欢用“没得选择”这个受害者角色包装自己，还因为我们一旦做出选择，就必须为选择负责。不选择，就可以不必负责。为了逃避责任，我们宁愿习惯于安全地受苦受困，也不愿冒险地做出选择。选择需要勇气，选择也是一种能力，这种能力与独立有关。不敢做出选择的人，是害怕自己承担不起做出选择之后的后果，其实就是无法承担自我的责任。另一种不敢自己做出选择而把选择权交由别人的人，一是因为自己懒惰，懒得去做选择；二是一旦将来有什么不好的后果，他就可以说，反正不是我自己选的，是别人帮我选的，可以怪罪到别人身上，推脱自己的责任。

## 我选择我痛苦

与那些“没得选择”的人相反的是另一些面对选择却有“选择困难”的人。

有一次我在下班回家的路上收听一个电台节目，女主持人讲了自己“选择困难”的一件小事：为了选择一个绿色还是蓝色的被单，她在商场里痛苦纠结了整整一下午，直到夜色降临，她把自己搞得精疲力竭，浑身虚脱，最后把两种颜色的被单都买回了家。

听到这个故事时，我备感欣慰，原来我并不孤独。后来又看了刘青云主演的电影《购物狂》，剧中他是个患有选择困难症的医生，面对货架、面对菜单用完排除法、做过辩证法，痛苦了大半天都做不出任何决定。我再一次感叹道：原来我不是一个人在战斗。

长期以来，我不喜欢逛街的重要原因是我有选择困难症，尽管我也爱打扮，但是选购商品确实挺让我头疼的。我和朋友逛街时，我会尽量把好几个商场的各个角落都逛一遍，生怕错过了想象中的精品，然后选择几家自己觉得不错的商店再慢慢挑选。可是当遇到两件衣服、两双鞋子、两个包包都喜欢的情况，我就痛苦不堪。不同的款式、不同的颜色、不同的感觉该选择哪一样好呢？罗列每一样东西的优缺点，比拼价格，弄得自己疲惫不堪后我还是没法确定更喜欢哪一个。最后当朋友实在不耐烦，我自己也受不了，被痛苦折磨渐失理智的情况下我才做出以下几种选择：（一）两样都要。（二）两样都不要。（三）闭上眼睛胡乱选择一个。有的时候我还会用扔硬币的方式做选择，是不是很可笑？我买过两双颜色一样款式不同的鞋，买过两条款式一样颜色不同的裙子，以及两支不同香味，一样价格的唇膏，等等。还有一种状态也经常出现在我身上，即便在漫长的纠结之后我做出了选择，可是过一段时间，我也总会觉得自己当初的选择是错误的，总觉得现在的这个没有原来放弃的那一个好。选择困难症让我在选择时浪费了大量的时间，同时内心感觉挫败、疲惫和痛苦。后来，我决定减少购物。远离选择，远离痛苦。这不仅让我没了痛苦，同时也节省了不少钱。远离需要做选择的事物，这听起来是个很不错的方法，但并不没有真正地解决问题，这是治标不治本，生活毕竟由无数个选择构成，我终须面对选择。

生活中有两种人：一种人看到的世界非黑即白、爱憎分明、选择明确；而另一种人是过渡的灰色，没有界限、模棱两可。显然前者是不容易患有选择困难症的，后者则更容易出现纠结矛盾情绪，患上选择困难症。我就属于后者。

如果当需要对一件事做出选择的时候，你会犹豫不决，瞻前顾后，迟迟无法作出最后的决定；如果当你面临选择的时候，也感到痛苦煎熬，甚至产生极端的恐惧感；如果每一次做选择都会花费你大量的时间、精力，大到是否接受一份新工作，小到买一双什么颜色的袜子都令你对选择感到苦恼不堪，备受折磨，那么你极有可能和我一样患有选择困难症。

选择困难症也称选择恐惧症。百度百科这样解释："患上这种病的人面对选择时会异常艰难，无法正常作出自己满意的选择，在几个选择中必须做出决定的时候很恐慌，惊慌失措，甚至汗流浃背，最后还是无法选择，导致对于选择产生某程度上的恐惧。"

患有选择困难症有以下几个原因：

1. 完美主义心理。追求完美的人很容易患上选择恐惧症，他们往往对自己比较苛刻，要求自己必须做一个单选，同时希望抱着巨大的期望，要求这唯一的选择必须是最大限度的理想化的选择。追求完美是我患上选择困难症的主要原因。我总是希望能够做出最好的选择，往往把一次选择看得太重要，赋予选择太多意义，这种完美主义不仅导致选择困难症同时也引发拖延症，或者说选择困难症中有拖延症的成分。

2. 害怕承担责任。一旦做出选择就要对选择负责，有些选择甚至会影响人生轨迹，对未来有重大意义，影响人生幸福。比如，面对两个同样爱自己的人，或者是同样优秀的公司的时候，因为责任重大，更令人感到焦虑，更加选择困难。就像电影《购物狂》中患有选择恐惧症的医生因为不知如何选择自己爱的人和一群保安打起架来，令人啼笑皆非。

3. 心智不健全，缺乏独立自主。我常常在网络上看到各种关于选择求助的帖子：广大的网友，这两家餐厅哪一家更好？这两个牌子哪一个更好？这两份工作哪一份更好？甚至面对两个追求者，他们也会让虚拟世界中的陌生人帮忙自己做选择。作为独生子女，他们在父母、师长的长期呵护下成长，所有的选择都是家长、老师替他们决定的，他们自己很少做主。长此以往，他们心智发展并不健全，缺乏独立自立意识，不自信，害怕失败，依赖于他人做选择。

4. 可供选择的东西太丰富。如果你在餐厅吃饭，菜单上只有一道菜，我想你不会选择困难。当经济不断发展，物质生活水平提高后，人们拥有大量可供选择的物品，而这些物品差别却越来越小时，客观是人们选择困难的原因。

这几个原因中中间两项与“没得选择”的原因是一样的。看来“没得选择”和“选择困难”都有关独立和责任。如果你也有“没得选择”或者“选择困难”，那我想先告诉你：别怕，你并不孤单，我与你做伴。接着我们一起思考如何消除“没得选择”和“选择困难”两种心理病症。我想只有根据以上几点原因，来进行改变和成长，严重的还可以通过心理医生的帮助获得问题的解决。

当我们真正拥有一颗强大的内心，自信、独立、成熟，敢于承担起自己人生的全部责任，能够承认世界上没有所谓的完美，能够承认和接受自己与外部自己的不完美。同时理解透彻这一点：人生是你自己的，一切都有得选择，但并不存在所谓完全正确的选择。我们所能做得最正确的选择就是选择一种活在当下的态度，认可自己的选择是当下能够做出的最好选择，只有到那时，我们将不再为选择而苦恼。

## 真的是这样吗？

有一周末，我在商场的厕所排队，大家都懂的，中国的女厕所门前无时无刻不是排成一条长龙。我发现一个有趣的现象：明明有五个卫生间，可是大家好像都只在一个卫生间门前排队。出于好奇，我从队伍中走出来，去推另一个卫生间的门，惊喜的是：哇，里面没有人！对于一个一直忍耐自己生理需求的人来说，那一刻简直堪比中了百万大奖啊。后面排队的人，因为看到我不用排队就上了厕所的举动，纷纷去推其他卫生间的门，它们里面也是空的。

这件小事还是给我很大的触动。为什么五个卫生间却只有一个被人们使用，是因为大家都在那一个位置前排队，因此，其他的人都理所当然地认为另外四间不能用或者正在被人使用。所以，所有的人都跟着排一个队。其实，很多我们理所当然认为的东西并不是正确的，就像卫生间里的门，只是虚掩着，只要你敢于上前推一下，你就能打开了它，发现它是空的。我常常告诫自己，不要被自己思维中的框框束缚住，不要被社会中许多并不正确的观念所捆绑。人，是观念的产物，无论是怎样的观念，在接受它之前自己思考一番，不仅没有坏处还是明智之举，如果因为大家都这么认为，所以你也这么认为，一味全盘地接受社会上的观念，你极有可能就成为观念的奴隶，思维被观念捆绑。

那些年，我们被哪些观念所捆绑？不妨挨个儿怀疑一下，思考一番：真的是这样吗？

1. 女人不懂汽车，女人开车比男人差。

经常在港台剧中出现的桥段之一是当剧中的长相普通、家世普通但是善良天真的女主角失恋后就辞职去环球旅行，奢侈潇洒不说，一去还是一年半载。还有一个经常在港台剧中出现的桥段是女人不懂汽车，也开不好车，车出现故障不能走的时候有白车王子来搭救。这两个桥段我不喜欢的原因一是我羡慕嫉妒恨；二是我认为很假啊，根本就不现实嘛，会忍不住怀疑一句："这是真的吗？"

"女人不懂汽车，女人开车比男人差"这一观念常常被拿来说事，也是影视剧里最爱表现的桥段，连美剧中也会出现，无独有偶。最近看《生活大爆炸》，里面有一个场景就涉及这个观念。谢耳朵等几人坐上佩妮姑娘的车，有人大惊失色地喊："佩妮，故障灯亮了！"正在开车的她却很淡定地回答："没关系，它亮了好几年了。"编剧表达的笑点在于：故障灯亮着，说明车出现了问题，灯亮越久反而越危险，而不是因为它亮着习惯了而代表故障不存在。因为习惯某样东西了，所以认可它就是正确的，这确实是许多人的思维方式。这就跟因为习惯了臭豆腐的味道，所以认为臭豆腐的味道很香一样荒唐。

现实生活中有一部分女性却就被影视剧中"女人开车比男人差，

女人天生开不好车”这些错误的观念牵着鼻子走。有一次和一个女同事提起女人开车这件事，她说，女人天生开不好车，女人开车闹点笑话挺可爱的。这显然是被电视剧毒害，影视剧中当女主角开车出现问题，手忙脚乱之际，英俊的男主角总是恰好出现在身边，不仅帮她解决问题，还认为她挺可爱的。但是影视剧仅仅是影视剧，并不是现实生活。现实生活是当女人开车上街，如果开不好是非常危险的，出了问题也只能靠自己解决。

女人不懂汽车类的机械，显然是不成立的，只要愿意去学习，女人一样有能力掌握机械类的知识。而“女人开车比男生差”更是荒谬的认知。事实上，统计数据显示，约有98%的“危险驾驶记录”是由男性司机“创造的”。女人开车比男人更有安全感，也让乘客更有舒适感，遇到汽车故障女性也比男性更懂得及时修理。以下一则新闻就是很好的论据：

“据交警部门统计，截至2011年年底，东莞市女性驾驶员超过45万人，约占驾驶员总数的30%。2011年全市共发生涉及驾驶员一般以上事故3559宗。其中，涉及女性253人，共发生交通事故 253 宗（占总数的7.11%），造成 9 人死亡（占总数的2.56%），276人受伤（占总数的7.06%），大大低于男性所占的比例。依据数据统计，如果按照造成交通事故比例来看，女司机驾车事故率不到男司机的1/30。”

你选择什么样的观念你就会有什么样的行为，人经常按照观念来塑造自己。当一个女人的观念是“女人开车不比男人差”时，她就会按照普遍的标准来要求自己，好好学习驾驶技术，使自己达标，而不会说因为自己是女性而降低标准。我认识一个女友，汽车就开得非常好，证据是她的公公更喜欢坐她开的车，因为感觉安全平稳，而不是自己儿子开的车。当一个女人的观念是“女人开不好车挺可爱”，她就会放纵自己的缺点，甚至还觉得这事儿值得炫耀。同样是女人开车这件事，不同的观念差别会如此巨大。当你选择错误的观念指导自己，你就会被其奴役，走进思维的死角。让思维自由，让精神独立，让行为正确，我想这就是我们要学习正确观念的意义。

2. 女人是个路痴，善于迷路。

除了女人不懂汽车，女人开车比男人差这一观念，还有一个经常被影视剧拿来表现的观念就是：女人不认识路。女主角常常在迷路沮丧之际偶遇高富帅，然后，高富帅对她流露出怜惜之情，还产生一股强大的保护欲，最后送其回家。但是，现实是我以及认识的女朋友们迷路时从来都只能自己镇定下来，询问路人，然后依靠自己找到正确方向。迷路这事情绝对不会因为男女而有差别，男性路痴我见过不少，甚至有女友向我抱怨自己男朋友是个路痴：“跟他约一个地方见面，总是找不到，总是迟到。”她还气愤地补充一句“他是个男人耶，居然不认识路！”我真替男人委屈叫苦：为什么男人就不能不认识路，不认识路是女人的特权？男人真可怜。事实上，迷路这事情是因人而异，男女无差别的。但是有趣的是，不少女性会选择“女人不认识路”这个观念来塑造自己，导致自己真的不认识路，甚至还觉得自己不认识路很可爱，更有女性魅力，殊不知“不认识路”这本身不仅不值得炫耀，甚至还是件让人丢脸的事，至少说明你在辨识方向和记忆力方面的能力不足。

我们来看下女人是如何在这个错误观念指导下变得不认识路的：当一个女人的大脑中认定女人是不认识路的，于是她出门的时候如果是开车就会选择用GPS导航，如果不开车则更多地依赖男朋友或者丈夫认路，她一直没有独自认路的机会，时间一久，她就真的成了没有方向感、不认识路的人。我们应该认识到：能力＝时间×练习次数。你在某一方面投入的时间和练习的次数越多，你在这方面的能力就越强，能力的培养其实就是一个熟能生巧的过程。当你抱着“女人不认识路”的信念生活时，你就关上了培养自己认路能力的大门，你在这方面就变得没有自信，甚至很恐惧，因为害怕迷路甚至不敢一个人到陌生的地方去。一个观念就是这样影响和改造了你，可是这个影响却不是积极的、正面的，是不是很可悲？

3. 你一个人过不好。

在中国，如果你超过25岁，还没有男朋友/女朋友，你就会备感压力。父母打来的电话，十个里有八个电话的中心思想是让你找个对象，尤其是过年过节回家，面对众多长辈，真是压力山大，人人都给你传达一个这样的观念：你一个人过得不好，你一个人生活是很可怜的。也许男性朋友压力还会小些，女性朋友那真是遭受非人的折磨啊，不停地有人告诉你：你一个女人没男人不行，没男人你是活不好的，你赶紧找个男人吧。于是，你禁不住也产生这样的观念：我一个人好可怜啊，是活不下去的，好没有安全感啊，我要找个有安全感的男人来依靠。当你的心智被这样的观念捆绑时，你不仅开始自怜自哀起来，还极需要找一个有安全感的男朋友。可是在这种心智模式指导下你不仅很难找到男朋友，毕竟谁都害怕担负起另一个人的责任，你会被负面情绪笼罩。就算你真的找到男朋友结果又会怎样呢？因为你认定自己没有男朋友活不下去，于是在生活上对其非常依赖，越是依赖对方你越是丧失了自己独立生活的能力，有人依赖的感觉好好哦，很多事情都不用自己动手和操心，当你独立能力越来越少时，你越是渴望对方让自己继续依赖，生怕对方离开，自己越是没办法活下去。长此以往，你真的丧失了独立生活的能力，真的成了没男人活不下去的女人，心里充满了恐惧，恨不得死死地抓住眼前这个男人。如果到那时，你的男朋友由于不堪被依赖的压力选择离开了你，你该怎么办呢？

当你在“没有男人不能活下去”的观念指导下生活时，你的独立能力就会降低。我身边有不少女性朋友认为爱情就是两个人要时时刻刻在一起，无论做什么都要一起，恨不得一天 24 小时，一年 365 天都在一起，离开对方就不能活了。她们常常抱怨：因为男友不能陪自己去旅行，所以很久没有旅行了；因为男友没空陪自己去 K 歌，所以很久都不唱歌了；因为男朋友没空陪自己去吃一直很想吃的特色小吃，所以一直都没有吃到好吃的……她们自己被这样的观念捆绑住就算了，还想用这个观念去框住其他人的生活。

当你一个人去看 3D 版的《泰坦尼克号》时，她们会说，你一个人去看《泰坦尼克号》？脑子有病吧。

当你一个人津津有味地吃着大闸蟹时，她们会说，你一个人吃大餐也吃得这么开心？小心嫁不出去！

当你一个人去跑步的时候，她们会说，你一个人跑步多无聊啊，有什么意思，别被人当神经病呀。

当你一个人搭车旅行两个月后回来时，她们会说，你一个人有什么好玩的，还玩了这么久，不是疯了吧。

……

我实在想不通，我一个人，为什么就不能去看一部好电影？我一个人，为什么就不能吃一顿好吃的？我一个人，为什么就不能去锻炼身体？我一个人为什么就不能去长途旅行？

我不会因为自己单身，就放弃享受生活的机会。我不会因为自己单身，放弃去看一部好电影，放弃去吃一顿大餐，放弃去锻炼身体，放弃去长途旅行。因为我坚信，一个人也过得好。而那些被“女人一个人过不下去”的想法奴役的女人们往往会因为男朋友没空陪自己，而错过了一部好电影，失去了一次长途旅行，无法品尝一顿大餐。依赖，让你失去独自行动的乐趣；依赖，让你得不到更多的成长；依赖，让你并不快乐。

事实上，世界各地很多人正在过着一个人的生活，而且感觉并没有那么糟糕。单身，在今天已经开始成为一种无法抵挡的国际洪流。这个我可不是瞎说的，有许多数据支撑。调查显示，在纽约、香港这样的大城市，超过半数以上的适婚男女单身，在中国的北京、上海等城市也有超过 30% 的适婚男女单身。据统计，北京剩女（我可不喜欢这个称呼）的数量已达 80 万，创世界之最。最近密歇根州立大学心理学教授埃里克·克林伯格（Eric Klinenberg）在他的新书《单身主义》中指出，单身社会已经成为全球化的趋势，半数以上的成年人是单身。全国 28% 的家庭是单身家庭。单身家庭的数目比结婚生子的家庭还要多。在像丹佛、华盛顿、亚特兰大这样的城市，40% 以上的家庭是一个人生活。而曼哈顿则有半数的家庭是单身。

我们的时代正在不断进步。100 年前的英国，男人会因为同性性行为而受到监禁，比如奥斯卡·王尔德的著名案例。在历史上的其他国家同性恋还被看作一种病态心理。而今，同性恋已不再是违法行为，越来越多的国家认可同性婚姻。同样，进步的还有对单身的认识。在美国，1957 年的调查显示，57% 调查者表示他们认为那些更愿意单身的人是“道德败坏的”或“神经不正常”的人。现在则被认为单身是一个人自由选择的一种生活方式，没什么大不了的。面对这样的国际趋势，拥有一个人也能过得好的生活能力反而变得更加重要了。

同时，我们应当看到，这种非要用自己的观念去指导他人的做法也是不可取的。说到底，一个人是单身还是不是单身都是自己的私事，跟其他人没有关系，我们应该尊重他人而不是企图用自己的认知去控制他人。只有一个由许多能够尊重个体差异，接受求同求异的个人组成的社会才是好社会。

其实，在这个世界上没有谁离开谁不能活，一个人也能过得好，我看到越来越多女性一个人也能把生活过得丰富多彩。她们一个人吃饭，一个人读书，一个人旅行，一个人照顾好自己，把一个人的生活过得绚烂多彩。在西藏旅行的路上，我遇见许多独自旅行的女生，她们打包行李，照顾好自己，看地图认路，寻找和预订酒店，结识陌生人等能力并不比一个男生差。当她们独自欣赏风景时，脸上呈现出来的安静和满足感真令人赞叹。无论男女，不等待任何人，没有陪伴时也能怡然自得的人都是充满力量的人，他们一个人也能过得很好。

4. 如果我做了自己感兴趣的工作，我就不会像现在这样吊儿郎当，我会全力以赴。

有为数不少的网友给我发邮件，抱怨自己对工作不感兴趣，他们在邮件中共同写到这样一句话：我想如果我做了自己感兴趣的工作，我就不会像现在这样吊儿郎当，我会全力以赴。这些发我邮件的网友其实内心充满恐惧，他们并不是对自己的工作不感兴趣，而是没有能力把当下的这份工作干好。没有人喜欢承认自己无能力，也没有人喜欢自己做不好的事情，这是人之常情。比如，我因为唱歌的时候高音上不去，低音下不来，跑走的调十头牛都拉不回来，所以，我不喜欢去KTV唱歌。就算朋友聚会非要去，我不喜欢独唱，更喜欢跟大家一起合唱或者坐在旁边当拍手观众。朋友叫我去唱歌，我也会说我对唱歌不感兴趣。其他的例子就更多了，因为不善于交际而不喜欢认识新朋友；因为不善于运动而不喜欢去健身房；因为不善于烹饪而不喜欢下厨房……所以他们经常会用“没兴趣”作为自己无能力做这事的借口：我对社交不感兴趣，我对运动不感兴趣，我对烹饪不感兴趣……

不感兴趣的深层含义是：我因为干不好，所以不喜欢。其实，没有人逼你去做自己不喜欢的事情，但是如果这件事对你非常重要，比如你的工作如果干不好你就没饭吃，那你就必须努力干好它。

兴趣真的有那么重要吗？其实不然。兴趣带来的热情只是最初的火种，想要形成燎原之势还需要我们持续不懈地投入，人是因为把一件事情干得越来越好才越来越有兴趣的，不是对什么感兴趣才干得好。这是我过了25岁之后认识到的最有用的道理之一。大家上学的时候应该都见过类似的例子，某学生，由于运气好等偶然原因，某一次某一科目考试成绩突出，老师和同学都称赞他，他开始对这科的学习更上心，更有兴趣，于是他在这门功课上投入的时间和精力增多，他就渐渐越学越好了，他对这门课的兴趣就愈加浓厚，变得越来越喜欢了。我认识的一个朋友，他喜欢英语并且把它学得很好的原因就是这样的。

做得好会产生兴趣，带着兴趣全力以赴又会做得更好。这也是我从写作上得到的经验。因为小时候的作文常常被老师拿来在班上朗读，于是便生出了写作的热情，开始喜欢写，后来因为写得越来越多，通过不断练习，慢慢就写得越来越不错了。（好吧，我这是在自我表扬，请自动跳过。）

很多人在做着 A 工作的时候，说对 B 工作感兴趣，比如，做会计的对广告感兴趣，做行政的对销售工作感兴趣，做设计的对策划感兴趣。他们每天都提不起兴致全情投入本职工作中，他们天真地以为自己只要做了自己感兴趣的 B 工作，工作状态就会改变。其实，他们之所以对 B 工作感兴趣只是因为他们还没有做，一旦他们干上了 B 工作，又会遇到困难，然后觉得自己对 C 工作感兴趣，职场中有不少人就是因为这样不断换工作，最后陷入一个不好的循环之中：找到自己感兴趣的—干一段后丧失热情—换另一份自己感兴趣的。为什么不换一个角度思考呢？因为全力以赴到我的工作中，我获得了进步和提升，获得了充实感和成就感，我开始越干越好，于是我对我的工作感兴趣，开始热爱我的工作。归根结底，人是需要价值感和成就感的动物，但是这些感觉需要从努力工作，把事情干好中获得，而不是从对这份工作的兴趣中获得。

除了以上 4 个观念，生活中还有其他观念捆绑住我们，诸如“有了房子就幸福”、“现在我要忙着挣钱，等有空的时候再去实现梦想”等，这些观念在我们的思维中砌起又厚又高的砖墙，让我们生活得很疲惫很不快乐也很愚蠢。在接受这些观念之前，我们需先想一想：

真的是这样吗？当一个人拥有独立的思考和判断能力，对外部的声音懂得取其精华去其糟粕，懂得去伪存真，明辨是非时，将不再成为观念的奴隶，而成为一朵自由行走在天地的花。

# 求人不如求己

## 痛在遇见伸手党时

近几年，上网的时候发现网络奇葩是越来越多，其中，最让人崩溃的是伸手党一族。伸手党这个名词相信大家都不陌生。百度百科这样定义：“网络 / 动漫上常指那些喜好优秀资源 / 片子的人，但是自己又不愿意付出劳动，当得不到的时候又叽叽歪歪的那种。这种人群的特点不在下载而体现在不尊重别人的劳动成果上，不顾及工作组和上传者的辛苦不现实地挑三拣四，在求资源时用命令的或者好像分享者欠了他一样的口吻说话，这种行为是对互联网共享精神的损害。还有那种在电脑技术论坛上，不愿意自己搜索资料，或者不愿意自己研究，只会问别人某种事物的属性或者制作方法的人（只问不学的人），也叫伸手党。”

如果你在网上晒了自己最近入手的物品照片，物品看起来还挺可爱挺萌的，他们会问：在哪里买的？多少钱？求地址，求链接。如果你上传了自己拍得不错的照片，可以当桌面用的那种，他们会问：这是哪里啊？用什么相机拍的？光圈和快门是多少？求大图！如果你写了一篇有关读书的博客，喜欢的人还不少，他们会问：求快速阅读法！求电子书！求推荐书单！如果你写了一篇分析男女情感的小文，他们会说：求开导！求解答！求指点！如果你上传了几张旅行时候拍的照片，或者写了旅行的日记，他们会问：这是哪里？求路线！求攻略！ 如果你说了一句自己在线看了一部好电影，他们会问：求链接、求资源、求种子。总之，伸手党就是喜欢各种求。

伸手党经常还不长眼睛，明明物品价格和链接就在图片下面；明明相机品牌、型号、光圈大小、快门速度、感光度等信息就在照片右下角；明明资源帖就在上面三行；可是，他统统看不见，非要发帖。他们往往非常懒惰，要找的资源只要稍微用点心就可以找到，可是谷歌、百度、搜狗、搜搜、爱问这么多搜索工具摆在他们眼前，他们都不愿试一下。搜索一下好像能把他们累死似的，还特别爱撒谎，在帖子里说："找了一晚上没找着。"其实他们根本就没找，一上来就伸手要，懒惰程度令人抓狂，所以，会有网友对伸手党咆哮：手再伸过来就砍了它！

我在豆瓣网上收到十几封这样的信件，他们有的甚至大方承认自己懒惰，一点都不觉不好意思。

"我想麻烦您给我推荐几本比较经典的书籍，因为我觉得必须自我提升一下，想买几本书籍看。毕业三年了，总觉得自己处在一个不进反而退的状态上，想要改变却又不知从何做起，知识的储备感觉越来越少，对于人生的体验也仅仅停留在工作上。我是个懒得在网上搜集东西的人，所以麻烦您给推荐一下，谢谢！"

你有给我写信的工夫，还不如在百度搜索栏上打上四个字"经典图书”，然后鼠标轻轻点击一下，或者在“豆瓣读书”主页搜索栏上打上“经典”两个字，什么答案都有了。而且我怀疑，像你这样懒的人，就算我推荐了书，你会去读吗？

很多人之所以对伸手党一族感到愤怒还有一点原因：他们这样伸手来要资源，一点不觉得羞耻，还觉得理所当然。在“各种求”的时候还用命令或者好像分享者欠了他一样的口吻说话，好像别人就应该给他资源一样。他们到哪里都喜欢留下自己的邮箱，还会写信催着别人把网盘地址、电子书压缩包、照片压缩包、下载种子等资源“赶紧发到我的邮箱”。这种伸手党隔着网络都会激起一种让人掀翻桌子的冲动。

有朋友曾经很气愤地告诉我自己遇到这种令人发指的伸手党。我以为这种人只是少数，没想到我在网上也遇到这类人。有个女生给我写了一封讲述自己失恋痛苦的信件，我因为工作忙碌没有时间回复她，接着她连发炮弹般地又发来好几封邮件，指责我为什么不回她的邮件，她等得很着急，催我尽快回复她，还写对我感到很失望什么的。我都震惊了，因为我从来没遇见这样没有逻辑的人。一、我没要求你给我写信。二、你写信咨询我，我给不给你回复完全看我的意愿和心情，这既不是我的工作，你也没有给我咨询费用。她难道认为别人就应该时刻准备着为她排忧解难吗？她难道认为自己有得到别人安慰和开解的权利，而别人有安慰和开解她的义务吗？既然你有时间给我写这么多封邮件，为什么不去看看《我爱问连岳》、《问问李子勋》或者倪震先生的《绝顶爱情》，我相信，你只要看上十几页就会了解这个世界上每一天都有许多人在失恋，失恋没有什么大不了，失恋不会失去全世界，而等着别人治疗自己失恋之痛的人怕是真的要失去一切了。

## 你的幸福你做主

生活中的伸手党又是怎样的呢？百度百科这样释义：“生活中常指毫不自立，不劳而获，理直气壮地使唤别人，自己坐享其成的人群。仿佛别人都欠他们的。比如在任何地方，往往有一些人有了事自己能干却不干，为了自己省力省时就直接向你寻求帮助，丝毫不觉得不好意思，用了你也是白用还不解恨，用完这位用那位，仿佛越是心眼好的人越是天生应该为他们服务。能多占点便宜是点，能少付出点是点。伸手党是自私、懒惰人群的典型代表之一。”

伸手党们应该要明白这一点，别人是绝对有权拒绝你们的。你们这种理直气壮地使唤别人的恶劣态度早晚有一天会逼走所有的资源，到那时你们向谁伸手要？

有一部分伸手党喜欢让别人替自己做选择，我经常被一些人问到以下这些问题：我是早上跑步还是晚上跑步效果好呢？我是用笔做读书笔记还是用 evernote 做笔记好呢？我是看电子书还是纸质书好呢？我是听 BBC 还是听 VOA 好呢？我是用这种时间管理的方法还是用那种好呢？我是继续去追这个女孩还是及早放弃？我是听父母的去考公务员还是去做自己喜欢的工作呢？

我只是一个网络上的陌生人，你们把这些问题交到我手上，等待答案，是不是对自己的生活太不负责任了？事关自己人生幸福的选择交由别人做出是不是太过草率了？这种向别人要来答案，然后自己照着办的人，其实很可悲，他们在过一种叫作“二手人生”的生活。即别人告诉他应该这么做，应该这么走，应该这么选择，应该做这样的工作，应该在哪里，点什么样的菜吃，应该娶（嫁）什么样的人……他完全照办，没有自己的主见，无所谓这个是父母、是领导、是朋友或者只是网络上的陌生人。人生是体验的集合，这种二手人生没有深度体验的人生，只有流于表面的“别人说”，他们终会因为没有活出自己，虚度年华而悔恨。

其实，这种人我早已看透了。无论我说哪一种好，他们都不会去做。事实上，他们什么都不做，他们在最初就放弃了自己的实践机会，就等着别人告诉他们怎么做。会去做的人早已经尝试了两种选择，然后选择了自己认为好的那一种，虽然力量还是微弱但坚定而又真实地走在自己的人生道路上。只有愿意自己尝试的人才能获得一切问题的答案，只有愿意对自己的人生幸福负责的人才能拥有幸福，而处处向他人伸手要答案的人终有一天会失去自己的人生。

每个人都难免会有依赖心理，希望不劳而获，希望别人可以帮助自己去完成一些自己不想做，或者很难做成的事情。但是，这世上有些事终须自己做，就算自己的父母，愿意无条件地为我们奉献和付出，吃饭的时候我们也要自己端碗，睡觉的时候也要自己上床，我们的人生也终要自己去过。更不要说父母终有一天会老，到那时他们需要依靠我们帮助的时候，我们却不能自立，那该怎么办呢？ 答案是：求人不如求己。从现在开始学习自立，走向独立，才能走出一片天地。

## 求人不如求己

苏东坡与佛印有一则趣事，表达了求人不如求己的意思。有一次，苏东坡与佛印同游杭州寺院，发现有一尊观音菩萨雕像，面容生动，状甚虔诚，手持佛珠，口中仿佛念念有词，苏东坡觉得很奇怪，便问："观音菩萨口里念的究竟是什么呢？"

佛印答："念的是南无观世音菩萨七字真言。"

苏东坡更觉得奇怪，不解，便问："我们凡夫俗子念南无观世音菩萨，可是她是观音啊，怎么自己念自己，和我们一样祷告啊？"

佛印答道："求人不如求己。"

还有一则有关观音菩萨的故事，也讲了同样的道理：

某人在屋檐下躲雨，看见观音正撑伞走过。

这人说："观音菩萨，普度一下众生吧，带我一段如何？"

观音说："我在雨里，你在檐下，而檐下无雨，你不需要我度。"

这人立刻跳出檐下，站在雨中："现在我也在雨中了，该度我了吧？"

观音说："你在雨中，我也在雨中，我不被淋，因为有伞；你被雨淋，因为无伞。所以不是我度自己，而是伞度我。你要想度，不必找我，请自找伞去！"说完便走了。

别人如果帮助你，你应该心存感激，没有帮你，也是非常正常，更不应该心怀怨怼，因为帮助你并不是别人的义务和责任。而更糟糕的是在他人的帮助和关怀之下迷失自我。古典在《拆掉思维里的墙》讲了一个现象：他在北京租了三室两厅的房子，因为有一间房常年空着，就免费给来北京找工作的兄弟住，算朋友提供的就业帮助。结果，住进这间房的几个人的发展都不太好，因为有免费的房住，有免费的饭吃，有免费的网可以上，生活太过安逸了。书中说："如果你想搞废一个人，那就提供一个没有经济压力、随时可以上网吃饭的房。”在别人提供的帮助和舒适中，你会丧失自己生存的能力。孟子说：“生于忧患，死于安乐。”确实是颠扑不破的真理。

所以，不要总是期待别人的帮助，而是努力做好自己可以做到的。俗语说：靠山山会倒，靠水水会流，靠人人会跑，靠自己永远不倒。中国古语有云：“人必自助而天助之。”西方也有谚语“上帝总是帮助那些帮助自己的人”，表达了同样的道理。你见过那攀缘在墙上、树上的凌霄花了吗？当墙被推倒，当大风吹来，摇动树干时，它们没有了依附便纷纷倒地。只有依靠和相信自己，才是最牢靠、最稳固的。

当你懂得悔悟，开始努力改变自己伸手要资源的毛病，克服自己的依赖心理时，当你遇到不懂的字词开始自己动手查字典而不是问别人时，当你学会应用搜索引擎查找自己所需的信息时，当你开始依靠自己学习一项新的技能时，当你面临各种选择不再四处问意见时，当你遇到问题先自己想办法解决而不是去找别人帮助时，你已经不再是个伸手党了，而是一个自立自强，走向独立，走向自由与精彩人生的可爱之人。

# 分享的意义

## 关于“分享”话题的谈话

有一天，有个朋友和我谈起独生子女更不懂分享，更缺乏团队合作精神的话题。我对这个话题很感兴趣，于是我们就聊了许多，最后总结了独生子女不懂分享的原因，涉及以下几个方面：生活物质条件太过丰厚，独生子女被过度宠爱，家庭教育中分享教育的缺失，以及美国的个人主义到中国之后的变异等。

很多独生子女小的时候是由爷爷奶奶或者外公外婆带的，再加上父母，6个大人去宠爱一个小孩，集万千宠爱于一身的小孩就成为家里的“小公主”和“小皇帝”，“一人独大”。他们在家中饭来张口，衣来伸手，再加上现在的物质经济条件比过去好很多，独生子女无论要求什么，都会得到大人的满足。又因为缺乏与兄弟姐妹互动的机会，就会造成幼儿自我中心的性格，因此到上幼儿园的时候会表现为自私自利，不喜欢和他人分享。

如果父母在家庭教育中懂得分享教育，孩子会培养成乐于分享的性格。比如，父母自己是个乐于分享的人，也常常主动说起分享的美好，让孩子感受到与他人分享的快乐，言传身教，耳濡目染，孩子也会懂得分享。还有的父母会跟孩子一起读书，或者让孩子参与到家庭事务中来，把他当作平等的家庭成员看待，比如一起洗水果，倒垃圾，做卫生，轮流玩电子产品。我看到有的年轻父母就做得很好，跟孩子规定一家三口轮流玩 iPad 的切西瓜游戏，每个人玩多长时间。这样的分享教育下，独生子女也能具备分享的能力。如果家庭教育中缺乏分享教育，则孩子的分享意识和能力较弱。

美国是强调个人主义的国家，他们会有许多超人、个人英雄题材的电影电视。强调个人的价值和能力，觉得只要一个人很努力就能实现梦想，获得自己想要的生活，还能为社会做出很多贡献，这就是所谓的“美国梦”。个人主义同时把个人的权利和隐私放在首位。中国一直都是一个讲究集体主义的国家，但是受到美国个人主义的影响，又没有正确学习人家的精神内涵，反而变异了，变成以自我为中心，只顾自己利益，不顾他人利益的自私表现。

## 一封关于分享的邮件

很巧的是和朋友讨论这个话题之后没多久，我就收到一封豆友的邮件，标题为“我始终不懂分享的要义”。正文这样写道：

meiya，你好，看了你的许多文章，很多是你和你的粉丝们的分享，是你和陌生人的分享。而我始终不懂分享的要义。中国人的思维是

“教会徒弟饿死师傅”，很不幸，我的脑海里也有这样的思维模式。原因是我现在的积累本来就不多，但我还要把仅有的积累分享给周围的同事就会让我觉得很没有安全感。久而久之，大家都采取保守而自私的态度对待周围的人，这很让人窒息。或许是我的内心是有点骄傲而常常戴着有色眼镜识人吧（我知道这样很不好），在我确认这个人是我的朋友之前，很少主动示好。可我的朋友们都觉得我是个还不错的人。现在大家的普遍思维都是你不对我好，我绝不对你好，说白了——怕吃亏。总觉得对方如果不能感知到我为他们做的，或者他们不能在适当的时候对我曾经为他们做的回报的话，我就会觉得很恼怒，并且在心底把这个人打入冷宫。

或许是我还没有真正体会到助人为乐的崇高境界吧。

meiya，请告诉我，怎样从自己开始做到：我为人人，人人为我？

看完这封信，我才知道原来有年轻人对“分享的要义”充满困惑，而且还为数不少，他们不喜欢分享，害怕分享。除了以上我和朋友总结的几点原因外，还受“教会徒弟饿死师傅”的思维模式左右。这一思维观念在中国存在了几千年，被很多人奉为至理名言。因为这句话，很多师傅在教学的时候都会留一手，对学生处处设防，百般挑剔和抱怨，对很多实用复杂的技能遮遮掩掩，不肯倾囊相授，生怕学生学会了超越自己，取代了自己的位置。我父亲在他年轻的时候跟着一个师傅学砌砖盖房子，他的师傅就是这样，不肯多教他东西，生怕教会了学生饿死自己，有的时候还会教授错误的东西，不知道是故意的还是受限于自己的能力。盖房子的很多技能都是我父亲自己摸索和感悟出来的，后来他还看了建筑方面的书，参加技能培训，不断自学并且修正以前错误的知识技能，才终于成为我们那一带优秀的乡村建筑师。

“教会徒弟饿死师傅”在过去确实是对的，因为那时候科学落后，生产力水平低下，掌握了一门技能就能安身立命，养活一家，甚至荫及后世子孙。所以，有的技能传授有很多限制条件：比如，传男不传女，传同姓不传异姓等。一旦出现竞争者，就感觉如临大敌，面临的是生存危机。以前看古装电视剧，当一条街出现另一家打铁铺时，先来者恨不得杀了后来者，因为害怕竞争，害怕无法立足生存。但是“教会徒弟饿死师傅”这种思维在现在这样一个高速的信息时代却丧失了普遍意义。因为如今知识技能更新的速度不仅仅是日新月异，而是分新秒异，尤其是在电子科技领域，表现尤为明显。前两年发展强劲的手机品牌诺基亚有谁想过它如今濒临破产的困境？在今天，如果一个人没有终身自学的能力，没有不断更新知识技能的自我要求，没有迎接挑战的勇气，适应竞争的勇气，就算学生不超过他，其他人也会很快超越他。“长江后浪推前浪”“青出蓝而胜于蓝”这是无法更改的历史发展规律。我想真正的好老师是不怕学生超越自己的，而是喜欢被自己的学生超越，这不仅体现了“名师出高徒”，还会受到学生的尊重和爱戴。有的老师更卓越，甚至与自己的学生形成良好的亦师亦友的关系，彼此竞争，彼此成长，携手进步。

## 关于分享的意义

我们为什么要分享？分享的意义是什么？我觉得这个问题很

大、很难，但是我正试图给出自己的答案。

分享能够收获友谊，收获快乐，收获尊重。我曾经当过大半年的幼儿教师，经常听孩子讲发生在幼儿园里的事情，我发现了一个有趣的现象：那些愿意把自己的新玩具带到幼儿园里和其他小朋友一起玩的孩子性格更开朗，更快乐。他们会告诉我自己把玩具分给其他孩子时，他们一起玩的状态，大家都很开心很融洽，彼此的关系很亲近，鲜少发生争执。乐于分享的孩子在幼儿园里拥有更多的朋友，受到更多人的喜欢，同时其他人也更愿意和他们分享自己的玩具。分享，让孩子收获到了友谊和快乐。其实，这一点在大人的世界中也能看到。在公司中，更愿意和其他人分享自己的知识和技能，更愿意帮助其他人学习和成长的同事更受大家喜欢和信赖。大学刚毕业时，我和其他几个毕业生在一家公司实习。有一个同事很乐意把自己的专业知识教给我们，如果我们有问题请教他，他也热心地解答。于是大家都喜欢他，尊重他。虽然实习结束后，我们离开了那家公司，但是对这位同事的印象都很好，心怀感激之情。

我在纽约时报中文版上看到不列颠哥伦比亚大学心理学副教授伊丽莎白·邓恩（Elizabeth Dunn）和哈佛商学院工商管理学副教授迈克尔·诺顿（Michael Norton）合著的新书《幸福的金钱：花钱的科学》中的一段话。书中说：把钱花在别人身上会比花在自己身上更快乐，无论是大人还是小孩都是一样的，并做了一个科学实验："给予带来的情绪上的收益也适用于小孩子吗？他们总是紧紧地抓住他们的东西，就好像那是他们的命一样。为了弄清楚这一点，我们和发展心理学家基利·哈姆林(Kiley Hamlin)合作，给小孩他们眼中的金钱——金鱼饼干。从他们喜笑颜开的样子，我们知道，他们对这个意外的收获特别开心。但是有件事让他们更开心。当他们把饼干分给他们的新朋友——猴子木偶时，他们是最开心的。且不说猴子木偶，我们得出的结论很明显：幸福的最大化并不等于占有最多的金鱼饼干。必须明确，有更多的金鱼饼干（或者金钱）不会减少我们的快乐，最初的那几块饼干带来真正的快乐。但是我们不应该只专注于我们的碗里有多少，我们更应该认真地思考我们该怎样去使用我们所拥有的东西。”将我们所拥有的东西分享和给予他人，而不是紧紧拽住，会让我们获得快乐和幸福，我想这就是分享的要义之一。

分享是为了提高和完善自己。我上高中的时候，学数学一直很费劲，要很努力才能考个优秀。像我这种数学水平应该是没有资格教别人怎么解题的，但是恰好相反，有许多同学喜欢问我数学题，因为我很热心地把自己所会的知识教给别人。我并不是真的那么大公无私，我喜欢教别人是因为发现当我教别人的同时，自己也学得更好，相当于复习巩固了一遍自己的知识。有的时候我还会在教别人的时候找到更巧妙的解答方法。到现在，我也经常把自己的读书笔记、书评发到网上和大家一起分享，因为在做这些事情的时候，我自己也有所收获。有的时候看到大家的评论，我会感叹：原来还可以这样想，原来还有这么一回事。这能激发我的新想法，对这本书获得新的认识。

最近在看李笑来的《把时间当作朋友》，他也提到这个观点，还说明了其中原理。“如果，你是个完美主义者，总是想着更上一层楼，那还有另一个终极技巧——把你学会的东西教给别人。清楚明了地表述那些你自以为了解的东西并不像想象的那么容易。有的时候，你没能给别人讲清楚，可能是你自己没想明白。更多的时候，被教者的提问，往往会令你发现你的想法还有很多不全面的地方。不要吝啬你的时间，不要吝啬你的精力，更不要目光短浅。记住，教别人等于自己学，只有学好的人才有可能教别人。另外，随着时间的推移，你在知识上不吝共享的经历，最终会让你明白这是最好的助人为乐的方法，并且获得的永远是尊重。”

我们真的没有必要担心教会别人，自己就落后了。“授人以鱼，不如授人以渔。”分享不仅能收获友谊和尊重，还能提高和完善自己，何乐而不为呢？

在我们的爱情和婚姻中，分享也至关重要。李子勋在答关于婚姻与爱情的一文中说道：“人性立场上，婚姻应该具有三个基本功能，一是互利，一是分享，一是并存。”其中他这样谈分享的意义：“爱情分享包含快乐与幸福，也包含不愉快与分歧。同时，分享还意味着互助和互相给予的一种归属感。可以多说‘我的是你的’，但是少说‘你的是我的’。把自己觉得好的、快乐的、令人幸福的东西奉献给对方，但不强求对方也把这些给自己。”我们人生来孤独，需要独自一人在这个世界上走一遭，而分享能减弱这种孤独，如果没有分享，没有给予，没有一路上前行的朋友和爱人，我们如何能确定自己感受到的快乐与痛苦是真实？何能确定不是只有自己一个人才感受到生命的愉悦与艰难？生命需要分享，分享让我们不再孤单。

最后我们应该看到，只有一颗自信充盈、有安全感的心才更有能力去给予、去分享。就像信中的姑娘所言，因为自己积累本来就不多，所以把自己仅有的积累分享给周围的同事就会让她觉得很没有安全感。有个关于音乐家的段子很有趣：据说著名的匈牙利作曲家、钢琴家、指挥家，伟大的浪漫主义大师李斯特（Franz Liszt）是个花花公子，脾气时好时坏，跟许多朋友关系疏远，但是他还是被认定是那年头品德最好的音乐家，因为他真心帮扶格里格和斯美塔纳，提携后辈总是不遗余力。另一个作曲家柏辽兹猜想：这人太信赖自己的天才了，内心极其强大，不嫉妒任何人，所以感受不到别人的威胁。这个段子有趣又充满哲思，只有做一个不断提升和完善自己的人，一个独立的人，一个内心强大的人，一个自信充盈的人，一个境界高远豁达的人，才更懂得分享，更乐于助人，也更不会计较付出之后是否有回报，就像一个大力士不会因为替别人搬走一块阻碍的石头没得到报酬而恼羞成怒，因为，这只是他的举手之劳。

慢慢来，
一切都来得及

# Part 4

## 爱，要学习

# 一个饥饿的乞丐是没资格付出的

身边有一些女朋友没谈恋爱的时候经常和我说：只要我遇到生命中的那个王子，我的生活就会发生翻天覆地的变化，我就会天天积极向上，生活充满阳光，我会为他改变，为他付出，我会变得勤快、乐观、坚强，我的生活充满欢声笑语，丰富多彩，一切都会越变越好。身边还有一些男朋友没谈恋爱的时候也会经常和我说：只要我遇到生命中的那个公主，我将有永不停止的动力，我的生活天天积极向上，充满阳光，我会为她改变，为她付出，充满上进心，为她拼搏事业，从此人生焕然一新。而说这些话的男女们，他们的生活是怎样的呢？上班不积极，不上班的时候天天死宅在家里，男的打游戏，浏览色情网站，看A片看色情武侠玄幻小说；女的吃零食，浏览淘宝、ELLE，QQ语音聊天、看韩剧、日剧、言情小说。

这个时候我都忍不住咆哮一句，坑爹啊，你以为你自己是无比可爱被人吃了会长生不老的唐僧落进盘丝洞啊，而人家是圣母玛丽亚奥特曼加内裤外穿的超人三位一体啊，拯救你逃出水深火热，走向白茫茫广阔天地任你遨游真惬意呀！你会反驳我说，爱情具有神奇的魔力，使人剧变。好吧，就算谈恋爱是搞化学，电光火石神马的，氢气遇上化学性质比较活泼的氧气，产生了淡蓝色火焰，释放出大量的热，并且有水生成。那你自己好歹得是一团能让小气球上天的氢气而不是让人中毒的一氧化碳！

你睁开眼睛看看现实吧，爱情从来都只是锦上添花如虎添翼，而不是点石成金雪中送炭。灰姑娘要是没有孝顺、心地善良以及快12点还不睡觉，打鸡血似的打扮得花枝招展出去，并且顶着乘坐的车随时会变成南瓜而出交通事故死于非命的危险，千里迢迢斗志昂扬地去参加舞会，她是不可能遇见王子的。

当这样一群人一不小心撞了狗屎运开始谈恋爱的时候大多数是这样的：恋人只要不在身边，就会用电话短信飞信 QQMSN 开心人人虾米豆瓣等任何可以联系上对方的方式，问对方在哪里？在干什么？和谁在一起？可不可以陪在自己身边？他们的肉体和精神都像寄生虫一样依附于对方，而他们的恋人则感觉自己被一根不断生长的藤蔓紧紧缠绕，或者被一条饥饿的蛇，不断盘绕，不断地吞噬自己，于是恋人们受不了这压抑而完全失去自由的生活，关机，拉黑，逃跑，劈腿，分手，老死不相往来。而这个时候他们自己会怎么样？要死要活的，成天食不知味，夜不能寐，胸闷气短，手脚冰凉，折翼天使，搞出一副自己是 21 世纪最大情痴的样子，其实就是要依赖而不可得，要乞讨而没人理会。

你以为这就是爱情吗？我可以明确肯定以及负责任地告诉你，这不是爱情！这是依赖，你错把依赖当成了爱。爱情首先也最基本的，是给而不是得，爱是一种给予，是一种付出，当你只是个在情感世界里饥饿的乞丐，不停地讨要爱情是没资格付出的。

那这是什么？这是病。啥病？依赖型人格障碍。

美国《精神障碍的诊断与统计手册》中定义的依赖型人格障碍有以下几大特征："①无独立性，很难单独展开计划或做事。②过度容忍，为讨他人欢心甘愿做低下的或自己不愿做的事。③独处时有不适和无助感，或竭尽全力以逃避孤独。④当亲密的关系中止时感到无助或崩溃。⑤经常被遭人遗弃的念头所折磨。⑥很容易因未得到赞许或遭到批评而受到伤害。⑦被遗弃感。明知他人错了，也随声附和，因为害怕被别人遗弃。"

"依赖型人格对亲近与归属有过分的渴求，这种渴求是强迫的、盲目的、非理性的，与真实的感情无关。依赖型人格的人宁愿放弃自己的个人趣味、人生观，只要他能找到一座靠山，时刻得到别人对他的温情就心满意足了。依赖型人格的这种处世方式使得他越来越懒惰、脆弱，缺乏自主性和创造性。"

弗洛姆在《爱的艺术》中说，不成熟的爱是："我爱你，因为我需要你。"而成熟的爱是："我需要你，因为我爱你。"爱的本质是成长，是创造，"爱是人与人之间的创造力"。爱是真诚地渴望对方幸福、自由与独立发展。

真正好的爱情只发生在两个人格独立、思想成熟的个体之间。一个人没有独立的人格，内心缺乏爱，不懂得爱自己，爱他人，就像一个乞丐一样向别人索取爱，得不到就感到饥饿、不安；得到了就牢牢抓住，害怕一松手就失去。这种出于恐惧的占有往往会让他们的爱人感到压力重重，心力交瘁，最后远离他们。真正的爱是给对方自由，也给自己自由。

依赖型人格障碍的人在谈恋爱的时候非常依赖伴侣，越是依赖，他们越是缺少独立生活的能力，这个时候他们就越害怕失去依赖。由于他们自己缺乏爱，所以，也难以向爱人付出爱。即便付出，他们付出爱的方式也是扭曲的，为了取悦对方，为了让对方陪伴在身边，他们可以放弃兴趣、需求、原则、自己的价值观，失去自我，甚至自己的生命。那些当恋人提出分手时，以性命相威胁的人，大多是依赖型人格障碍。他们认定一旦失去对方自己就不能生活了，大声喊着："我不能没有你，我一个人活不下去。"但是事实上，没有哪一个人离开谁就不能活。他们对恋人委曲求全，百般迎合，真正的目的是将对方捆绑在身边，希望能完全控制对方，事实上这是办不到的。他们的内心缺乏安全感，充满了恐惧不安，患得患失，时刻处在忧虑失去之中，他们爱得并不幸福。

你是否有爱的能力，你是否具备成熟的爱？如果不努力发展自己的全部人格并以此达到一种创造倾向性，那么每种爱的试图都会失败；如果没有爱他人的能力，如果不能真正谦恭地、勇敢地、真诚地和有纪律地爱他人，那么，人们在自己的爱情生活中也永远得不到满足。如果你没有独立的思想，不依靠自己获得内心的安全感，你将永远沦为爱的奴隶。

虽然改变比按照现状原封不动地继续这种生活要更难一些，更痛苦一些，但是如果不做出改变将一直过这种生活也是你所不愿意和不满的吧，那就打起精神去改变去创造吧！我想，当你能够创造性地去生活，能够实际而不停地为自己的生活做出越来越多、越来越好的改变和调整的时候，成为一个能爱人的成熟个体时，你将得到比你想象和期待得还要多的爱。

最后，祝愿有病的朋友们，早日痊愈，找到真爱！没病有爱人的朋友们，继续创造，持续真爱！

## 你能体谅我有雨天

公司剪辑部有个同事小H，是个外地人，婚前无房无车，娶了个上海姑娘。婚后老婆辞职在家当家庭主妇，不久生了孩子。他们原本住在丈母娘家的小复式房里，但是因为小H和太太都受不了丈母娘爱慕虚荣、乱花钱、喜欢吹牛、一惊一乍、吓孩子为乐等毛病，又考虑到两代人对孩子的教育方式差异太大等原因，最后这一对小夫妻索性搬出来在外面自己租了房子。小H还买了一辆小车，平时送孩子上幼儿园，送老婆去超市什么的，隔段时间也会给丈母娘一些小钱花花。公司里的同事都挺羡慕小H有个温馨幸福的三口之家。

有一天，大家坐着他的车去外地出差，看到车上有许多小朋友的玩具，就问起他家的孩子是不是都是他老婆带。他说，现在孩子两岁多，对什么都好奇，非常闹腾，精力充沛，老婆带孩子很辛苦，有的时候周末没有加班他会在家帮忙带带孩子。他还说："我老婆除了带孩子还做了家里所有的家务，所以有的时候加班回家夜里两三点钟，我会洗干净米，用小火熬上粥再去睡觉。她六点多醒来的时候，加点鸡蛋和瘦肉进去，很快就可以吃早餐了。”“她在家很辛苦的，所以我能帮多少就帮多少。” 当时他还特别温柔地补充了一句。

有一段时间，我在赶一个专题的稿子，早上一起来就开始写，写一两个小时然后出门去上班，下班一回到家吃完饭又对着电脑写，写到晚上 11 点多就睡觉。这样差不多过了一两周。我觉得很奇怪：咦，隔壁阿姨怎么不来串门啊？昨天送来一小碗梅干菜扣肉也不多待一会，很快就回家去了，怎么回事啊？又过了几天，稿子接近收尾了，我在门口遇见阿姨，问她：“这几天你怎么不找我聊天啦？”她说：“你在写东西嘛，我怕会影响你，写稿子被打扰不好的，我要体谅一下。”

某一次坐动车，刚在座位上坐定，对面的一个外国人就跟我讲了一堆我不太明白的英语（再一次证明我的英语有多烂），然后拿出一个本子，上面写着一个电话号码，我看了他的车票，终于搞明白了：原来他要在宁波下车，居然没有手机，让我帮忙打个电话，让对方来车站接他。我打了电话，才知道他是个没有手机的印度人，去宁波出差。我帮他打了两个电话出去，接了一个电话，最后他们确定了接人的地点和时间。每次我把手机给他，他都很有礼貌，谦谦低头，小心地接过去，当他和对方讲完话，把手机还给我时，都会把手机正面放在胸前的衬衫上擦一下，然后双手递给我。

几天前，我约了一个男性友人一起吃饭，他带了女朋友一起来。他们两个人的关系一直很好，很多朋友都挺羡慕他们的。席间，他女朋友一直闷闷不乐，情绪不太好的样子，趁着她上洗手间，我问男生：“你们不会吵架了吧，你女朋友很不高兴啊？”

“没有，她因为天气不好，所以心情不太好，没啥事。”最近上海确实一直阴雨绵绵下个不停，让人心情郁闷，但我总觉得他在撒谎，于是又细问了一番。

“真的没事？”

“真没事，她是南方人，特别讨厌阴雨绵绵的天气，小的时候这样的天气走路上学经常哭。长大以后，遇到连续下雨的日子心情就容易烦躁，情绪起伏比较大，我最近经常被当出气筒，但是我很体谅她，不会和她较真。我工作压力大的时候也会这样，会乱发脾气，她也经常体谅我。”然后看到女朋友来了，吐吐舌头戏谑地说：“我现在希望赶紧雨过天晴吧！”

听他说完，我立刻想到孙燕姿的那首歌“你能体谅我有雨天，偶尔胆怯你都了解……”

以上所有的故事都有一个核心词汇“体谅”。在人与人的关系中非常重要的一点就是“体谅”。体谅到了，关系自然就顺了，少了体谅，矛盾重重。“你能体谅我有雨天，偶尔胆怯你都了解”可以概括为这样一句话：“己所不欲，勿施于人”。自己不愿承受的事也不要强加在别人身上，你想别人怎么对待你，你也要怎样对待他人。

有个豆友给我写来这样一封信：

我男朋友要跟我分手，态度非常坚决，原因是我之前的所作所为严重伤害了他。我是独生子女，从小生活在城市里。他是农村的孩子，依靠自己的努力在大城市里上学工作，应该算是那种“凤凰男”吧。我家就是一般的工薪阶层，中等收入，但是由于父母比较娇惯我，所以我多少养成了那种爱发号施令的大小姐脾气。我妈因为他是农村人，很看不起他，对他的态度也不好。我经常对他无理取闹，因为我妈的影响也有点看不起他（我是多可笑啊，我自己也是一个屌丝，就因为自己是生在城市就有自以为是的优越感）。前几天我过生日，之前就想要个手表，于是他就买了一个送给我，我嫌弃不好看，还觉得他不舍得为我花钱（那个手表1000块），然后和他大吵了起来。他说受够我了，要和我分手，态度很狠，已经一周没有理我了。

这几天我也想了很多，我其实很爱他，也知道自己很坏，但是事已至此，我怎么才能挽回这段关系呢？meiya，我怎么能成为一个更好的人呢？怎么去好好地对待自己的爱人呢？

还有一个豆友也问了类似的问题：

meiya姐你好，我是个脾气比较暴躁的男人，在心情不好的时候什么难听话都说得出来。我的女朋友因为这个原因要和我分手，她说我们性格不合。我们同居一年了，有一次，因为工作压力大，心情不好，在加班，她给我打电话，说忘记带钥匙了，让我回去给她开门，我当时很生气，把手机都摔了。前段时间她怀孕了，我想让她打掉孩子，等经济条件好的时候再生，她不同意。后来可能因为她情绪差，没有注意身体，孩子没了。我也很难过，但是她更难过，打击之下，决定要和我分手。其实我是很想和她结婚的，我也很爱她，但是我觉得自己伤透她的心了，希望渺茫。我怎么样才能改变女友的态度呢？我怎么变得温柔一点呢？我也想好好去爱她，真的，我想和她一起生儿育女，度过一生。meiya，我该怎么办？

小 A（写第一封信的朋友）你怎么才能成为一个更好的人呢？怎么去好好地对待自己的爱人呢？你一定要记住这句话并且去努力执行——己所不欲，勿施于人，自己不希望他人对待自己的言行，自己也不要以那种言行对待他人。如果你是个农村姑娘，依靠自己的努力在城市打拼，男朋友和他的家人仗着自己是城里人对你颐指气使，你会怎么样？如果你用自己赚来的钱给男朋友买生日礼物，他不仅不接受不感谢你送他礼物，还嫌礼物不好不够昂贵，你的内心又会遭到多大的伤害？这种思考方式叫体谅思维，也叫换位思考，只有做到这一点改变自己的行为才有可能。

小 B（写第二封信的朋友）你怎么样才能改变女友的态度呢？怎么变得温柔一点呢？你也要记住这句话并认真去做——“己所不欲，勿施于人”。改变女友的态度之前先改变自己的态度。如果你的女朋友因为控制不住自己暴躁的脾气对你大发雷霆，你会高兴吗？人不是动物，人跟动物不同的地方是能够意识到自己的错误并有能力去改正，一个人因为能够不断改正自己，完善自己才使得自己不断进化，变得美好。不会帮助自己进化的人，心智无法成熟，将永远处在两三岁孩子的人生阶段，觉得自己是世界的中心，任性又自私。

爱，说到底是一种对他人感同身受的能力。爱的本质是成长，让人成长为一个更好的人，让人变得越来越温柔，更懂得理解、体谅和包容身边的人以及这个世界。当你变得越来越好时，你的世界也会变得越来越好。

怎么做 PPT，怎么编程，怎么修电脑……这些问题我们可以通过他人和书本获得答案，但是如何管理好自己的情绪，如何去找到自己的人生伴侣，如何去爱一个我们想爱的人而不是去伤害对方……这些关乎生命和爱的教育，也是人生非常重要的部分，却没有人或者书本可以教育我们。所以我们更要花些时间去思考这些问题，从自己和他人的经验中获得学习。爱是一种能力，不是天生就会的，需要经验和学习。爱的行为错了就要改正，爱的行为对了就继续发扬光大。

“己所不欲，勿施于人”可以应用在一切人际关系中，从恋人关系到跟陌生人的关系都应该遵守这一条。就拿那个印度人举例吧。我为什么会毫不犹豫地帮助他？一是我信任他，二是我善良，三是我希望当我遇到同样问题的时候也有人能够这么热心地帮助我。那么只有我自己先这么做了，别人才有可能这么对待我。这一点才是最重要的。我曾经遇到过手机没电找路人借手机打电话联络朋友的尴尬：10 个人中有 6 个人以没有手机为由拒绝了我，两个人以停机为由拒绝了我，还有 1 个人手上拿着手机正在玩，无法用这些理由拒绝我但他直接无视我。感谢最后那个借我手机的人，因为这一个可爱的人让我更愿意帮助任何向我求助的陌生人。

同样，获得他人帮助的人如果都能像那个印度人一样，礼貌又谦和，对提供帮助的人心怀感激，那提供帮助的人以后也更愿意帮助他人。当你抱怨这个社会冷漠的时候，请先想想你自己是否温暖过他人？当遇到别人求助时，你是否也冷漠对待？现在中国老人摔倒为什么没人敢扶，因为扶了老人不仅得不到感激还被讹诈。尽管现在中国的社会环境不太好，但是你依然要去做一个可爱的人，一个有爱的人，让自己身边的人、自己遇到的陌生人、自己的小世界变得越来越温柔，越来越有爱。

# 谈谈钱，说说爱

## 女人最大的错误，就是嫁给一个自己不爱的男人

前几日和一个女友通电话，聊起她相亲认识的男朋友，问她，两人相处得怎样？她说，男生有房有车，还不错哦，是个结婚的好对象。我又问，你爱他吗？她说，还好吧。“还不错哦。”“还好吧。”听着这样的话我心里却免不了担心，以物质条件的符合为基础而进入婚姻，不知道他们婚后是否会幸福。

就个体而言，追求幸福是人生非常重要的事情。婚姻占据了人生中如此漫长而美好的时光，如果一个人选择进入婚姻，但是他的婚姻不幸福，那么，他的人生也不会幸福到哪里去。同样，当一个人拥有了一个幸福的婚姻时，他的人生也更接近于幸福。

我觉得如果爱情不是通往幸福婚姻的道路，那么条件则更不是，当然了，单单有爱情，也不见得婚姻就会幸福，但是爱情是婚姻的开始，而不是以条件作为婚姻的开始。

假期在家看了《幸福额度》，虽然这是一部非常不接地气的电影，但是我却觉得它值得一看，让年轻的女孩思考一下：信用卡额度是否等于幸福额度？美女林志玲在戏中分别饰演双胞胎姐妹李晓红、莫晓青，姐姐拜金至上，性感十足，妹妹清纯重情，勤俭持家。

晓青与交往十年的男友姜成存钱购屋准备结婚，却因姜成被人骗光积蓄与房产，一夜之间对爱情彻底失望，愤而分手，然后效仿姐姐办了数十张信用卡开始装扮成名媛，想要在信用卡到期之前嫁给刚认识的青年实业家沈涛。在一场拍卖酒会上，晓青将在沈涛的安排下与其母见面，因为自己扮名媛的欺骗行为，也因为不知道在“十年爱情”和“嫁入豪门”之间如何做抉择。她情绪低落喝着闷酒在不知情的情况下巧遇了沈涛的母亲，向这位长辈吐露内心的苦恼，屏幕上这位一身豪门打扮的女性说了这么一句话让我印象深刻：“女人最大的错误，就是嫁给一个自己不爱的男人。”既然不爱为什么要嫁，原因当然有许多，因为钱，因为权力，因为父母之命，等等。同样地，男人的错误就是娶到一个自己不爱的女人。结婚，并不是单方面的爱情能够维持的，也不是有物质就能够维持的，需要两个人深爱又有智慧，并且能够相互理解，彼此体谅与扶持才能够维持长久，走向幸福。

影片的结局讲了两姐妹的归宿：一直做着自己上司小三的姐姐晓红放弃了十年的等待，爱上并嫁给了拥有无限卡又爱她的富二代张全；妹妹放弃了有钱人沈涛的豪门生活与自己的男友姜成继续过着普通人的小日子。这两姐妹虽然一个选择了高富帅，一个选择了穷矮矬，但是都做了一个共同的选择：真爱至上。

## 爱情本来就很物质

以前我认为爱情是一个美丽的神话，是柏拉图式的真情，是一种毫无条件、非常纯粹而洁净的感情。与物质无关，与权力无关，与阶级身份无关，可是越是长大，我越是说不清楚爱情是什么。我已经渐渐意识到爱情本身就是物质，爱情永远需要内在条件。

当有女孩说她爱一个男人是因为他很有钱，这背后包含了很多现实又实在的影响人们情感的种种因素。有钱意味着有浪漫。因为他有钱，可以带你去高级的餐厅，高级的餐厅里不仅有精致的装修，还有嗓音优美的歌手唱歌给你听，服务员不仅长得帅脸上的笑容还让你觉得很亲切很受尊崇，这一切都让你觉得很浪漫，打动了你的心。有钱意味着有健康。当你父亲病重需要一大笔医疗费时，他有钱可以让你的父亲住进更安静更宽敞的病房，得到更权威专家的会诊，最后身体康复，快乐出院，让你不至于失去一位至亲。有钱意味着身心舒适。过年回家时，有钱意味着可以不用拼命打电话拼命刷网页订火车票，也不用挤在人满为患的火车车厢十几个小时，因为你可以坐全价飞机飞回去，也可以让司机开着汽车送你回去。有钱意味着安全感。你可以选择绿色有机但更贵的蔬菜，而不用在菜市场中那些农药残余超标的蔬菜中挑来拣去，然后选择更便宜的；有钱你可以让孩子吃进口奶粉，而不会被三聚氰胺毒害；还可以把孩子送到安保系统完善的学校上学而不会被一个酒鬼或者精神病人忽然冲进学校，挥菜刀砍杀。有钱的好处就是说上一天一夜都说不完……这也是人人都爱人民币的原因。

面对一个有钱人，我们很多人的评判会很不公平，认为有钱就滥情，认为有钱就愚蠢，有钱就颐指气使。因为钱本身就是一种资源，可以给他带来很多别的东西。事实上，有钱人也许会有更健康的身体，更好的教育背景，更高的艺术品位，更广阔的见识和气度，或者某些更好的品质和性格，因为钱确实可以带来这些，而这些又都是很吸引异性的，很容易让异性产生爱情的感觉。

从生物本能、基因遗传的角度来说，女人选择有钱的男人，不是虚荣，而是为了给繁殖的后代创造一个更优良的生长环境，就跟雌兔在配偶的选择上会更倾向于在打斗中胜出的雄兔。男人选择年轻漂亮的女人，不是好色，是为了生育出遗传基因更加优良的后代。这跟孔雀选择配偶的时候会喜欢开屏时尾巴更鲜艳更美丽的一样，当然跟人类不一样，开屏炫耀的是雄孔雀。男人的钱，对女人来说是春药，女人的容貌，对男人来说就是伟哥，春药和伟哥发挥的威力同金钱的多寡，容貌的美丽程度成正比。

《幸福额度》的片尾，由林志玲扮演的晓红大大方方地说，我就是爱他的钱。由陈坤扮演的张全则开开心心地说，我就是爱她的身体。不管是真言还是玩笑，我就是喜欢这样一份大大方方、坦诚无谓的态度。无论爱钱还是爱身体都无可厚非，可以大大方方地承认的事。

其实，你爱一个人独立的思想，爱一个人四溢的才华，爱一个人的成熟宽厚，爱一个人的温柔体贴，爱一个人的乐观坚毅，爱一个人的睿智，爱一个人的幽默并不会比爱一个人姣好的容貌，爱一个人青春的年龄，爱一个人性感的身体，爱一个人的金钱，爱一个人的官衔来得高级和高尚。勃朗宁曾用美丽的诗句巧妙指出：“灵之对肉，并不多于肉之对灵 (Nor soul helps flesh more，non than flesh helps soul.)。”因为它们说到底都是物质的，都是平等的，都是美好而无可指责的，只是每个人的思想不同，需求不同，追求不同，决定了每个个体选择的道路不同。有人爱金钱，有人爱感情，有人追寻物质上的享受，有人追求精神上的安宁，选择金钱的不见得就不幸福，选择感情的也不见得就会幸福。一个单身女孩爱上一个穷人不会比爱上一个富人更高尚，得到更多祝福；爱上一个富人也不会比爱上一个穷人更值得炫耀，或者更应该被他人指责。爱本是无所谓高尚的，选择也无高下之分，更无道德也无高低，只是更多选择，更多欢笑，各自选择，各自承担罢了。

## 坐进宝马车之后

现在，很多年轻的女孩大声地叫嚷着：宁可坐在宝马里哭，不愿在自行车上笑。可是一旦坐进宝马之后不久，女人就开始想笑，不想再哭了。按照马斯洛的五大需求理论，当吃饱穿暖等生理需求得到满足后，人就会有更高层次的需求，开始需要安全、需要情感和归属、需要被尊重，最后到自我实现，从物质到精神，层层递进。

我对很多作家怀有很深的感情，尤其是对英国作家毛姆。他写过一本小说叫《月亮与六便士》，该小说的主人公思特里克兰德的原型是法国后印象派画家保罗•高更，他在 35 岁时辞去证券经理人的职务，抛妻弃子追寻自己的绘画天命。书中这位天才画家离开妻子之后遇上了第二个女人勃朗什，她本是他的朋友施特略夫的妻子，因为她对自己的丈夫没有爱情却又爱上了思特里克兰德。于是，她抛弃丈夫和舒适的生活，坚定不移地跟随思特里克兰德，最后她为爱情吞服草酸，自杀而亡。书中这样写道："过去我认为她爱施特略夫，实际上只是男人的爱抚和生活的安适在女人身上引起的自然反应。大多数女人都把这种反应当爱情了。这是一种对任何一个人都可能产生的被动的感情，正像藤蔓可以攀附在随便哪株树上一样。因为这种感情可以叫一个女孩子嫁给任何一个需要她的男人，相信日久天长便会对这个人产生爱情，所以世俗的见解便断定了它的力量。但是说到底，这种感情是什么呢？它只不过是对有保障的生活的满足，对拥有家资的骄傲，对有人需要自己沾沾自喜，和对建立起自己的家庭扬扬得意而已；女人们秉性善良、喜爱虚荣，因此便认为这种感情极富于精神价值。但是在冲动的热情前面，这种感情是毫无防卫能力的。"

我觉得这是对女人的依赖性、虚荣心做出的最恰当的批判。前几日我在豆瓣上看到友邻推荐的一些小组话题，诸如"男朋友过年给自己买了 iPhone4S，却什么都没送给我。""我做完指甲后，男朋友没有帮我埋单"之类的，我心里想，别人的钱，跟你有一毛钱关系吗？凭什么给你花啊？不给你花难道有错吗？还有豆友写信给我，说自己正在准备考研，非常嫉妒自己的闺密有个有钱的男朋友，可以下半辈子不用奋斗，衣食无忧。我又忍不住想，你为啥不自己奋斗成为有钱人，然后找个男朋友，让他下半辈子不用奋斗，衣食无忧？

女人啊，你在爱一个男人的时候，到底是更爱这个男人本身，还是爱他所能提供的生活品质？

就我个人而言，我是真心希望女人都与有钱男人相爱，都过上物质富足、精神满足的幸福生活。但是，现实不可能有那么美好的事情，现实总是如此残酷，常常摆在女人面前一道选择题，“面包”还是“爱情”？

其实，女人无论选择金钱还是真爱都是无可厚非的事情。无论选择哪一条路，结果都应当自我承担，都应当对自己的选择负责。当要面对“面包”和“爱情”两者做出选择时，如果你选择“面包”就不要怪有钱又忙碌的老公没空陪你吃饭聊天，对你不够温柔体贴；如果你选择了“真爱”就不要抱怨出门没有宝马坐，不要一天到晚为丈夫挣钱少而吵吵闹闹。

当女人为了摆脱自己贫困的生活处境，选择一个不爱但有钱的男人嫁了之后，如果能安分守己地过下去也还好，这个时候又要大声叫嚷着要爱情，觉得自己没有爱情好可悲，我觉得多少就有点恬不知耻了。

其实，女人也不是非得在“爱情”和“面包”上做选择，因为女人可以自己挣面包。女人通过自己的努力，是完全吃得起面包的，就像我以前说的那句话，你吃不起最贵的面包，也吃得起一般的面包，就算没有蓝莓面包也会有原味面包，没有大面包也会有小面包。女人仅凭自己的努力完全可以购买自己想要的东西，享受到自己渴望的物质生活，为什么还要依靠男人，指望他人给你面包？

因为钱而选择不爱的男人嫁了的女人，千万不要让她们接触到任何与爱有关的事物，因为这会大大刺激她们，使她们变得非常疯狂。“就像查泰莱夫人一样，丈夫那样有地位有身份，但是当她懂得什么叫世间的爱之后，她还是义无反顾抛家舍业。因为她知道，那种爱是无法替代的，是物质生活不能补偿的。”当一个女人一无所有的时候，那些爱情的附加值将对她具有极大的诱惑力，但是当她自己成长起来，强大到足够凭自己的能力也可以得到自己想要的生活时，那些所谓的附加值在她眼里就一钱不值了。其实这是符合马斯洛 5 大需求层次理论的，你在吃不饱的情况下是没心思去追求爱情的，但是当你生理和安全的需求得到满足后，就会产生爱的需求了。

所以女人啊，你要么降低自己的物质欲望，要么拼了命多赚钱，使得自己独立起来，满足自己的物质欲望，用自己挣来的钱请自己去高级的餐厅吃饭，带自己去海外旅行，给自己想要的生活，这样就不会被一个男人送的 LV 包包迷得神魂颠倒，忘记了自己想要的爱情是怎样的模样。

我有个表姐因为长相出众，嫁给香港一个有钱人，从此衣食无忧，再也无须自己做任何事情。但是，却过得不开心，经常和丈夫吵架，还常常感到生活无聊和空虚。她开始的时候，每个月都跑大陆来找朋友们搓麻将，麻将打厌后开始各种折腾，先是开麻将馆，接着做代购，然后又开起服装店来。她这么做是为了使自己的生活更充实一点，找到自己的人生价值。

人的需求是不断上升的，吃饱之后渴望被爱，渴望创造自己的价值。就像之前一些利用各种手段嫁入豪门的女明星后来却脱离豪门一样，因为她们的需求上升了，有了情感和归属、被尊重的需求，有的甚至有了自我实现的需求。当年红极一时的香港女星郑佩佩，在 25 岁时，正值青春、事业如日中天的时候退出影坛，嫁给富商，结婚生子。16 年后离婚，不要一分钱，复出影坛。复出的第一部作品是《唐伯虎点秋香》，这是我第一次认识她，后来2001年，她又演了李安的《卧虎藏龙》，因“碧眼狐狸”一角，获得香港电影金像奖最佳女配角奖项以及角逐奥斯卡金像奖，虽然容颜老去，演技却更为炉火纯青，是很多电影及电视剧里不可或缺的金牌老戏骨。

## 更多独立，更多幸福

亦舒借喜宝之口说出了许多女生的心声：要么给我很多很多的爱，要么给我很多很多的钱。其实这句话并不是女人内心真正的渴望，因为我们的渴望一旦说出来一定会吓坏全世界的男人：给我很多很多爱的同时也给我很多很多钱。虽然同为女人，我却真心觉得女人是世间很可怕的生物，就像一头巨大的鲨鱼，永远欲求不满，胃口奇大。也许需要整个海洋的水和种类齐全的鱼类才能让我们稍微满足下。

其实，我特别想问女人一句：女人啊，为什么你不给自己很多很多的爱，为自己挣很多很多的钱。而要向男性索取呢？一个你不爱的男人，即使一切都好，你要来又有何用？

去年有三个我喜欢的女明星结婚了，林嘉欣、刘若英、莫文蔚。她们都没有嫁入豪门，林嘉欣的丈夫比她大近10岁，在加拿大修过电影和心理学课程，1991年，进入香港无线电视台，后来拍广告、MV，现今开广告公司，业绩不俗。刘若英的丈夫钟小江任职财经界，拥有长三角实力最强的物流公司，但算不上富商。莫文蔚的丈夫，是她的初恋男友Johannes，德国人，此时，他已是三子之父，在德国的金融业任职。在这三桩婚事中男方虽然都还算有财力，但是我怀疑他们有的甚至比不上这些女明星有钱，因为这些女星年龄不小，家世良好，星途不错。但是这些女明星选择的丈夫不是与自己有很深厚的感情就是两个人有共同的文艺爱好。莫文蔚和她的丈夫是初恋，林嘉欣和丈夫都热爱摄影。我喜欢这些独立又敢于选择真爱的女性。

今天，中国出现了越来越多的毕婚族，朋友的同学问我要不要接受一个富商的包养？有好几个女孩写信给我希望找个有钱的男朋友，我越来越搞不懂了，为什么这么多年纪轻轻的姑娘喜欢被人养着。被人养着在大多数情况下意味着没有自由，而自由是一个人的一生中最重要的一样东西。我知道自由也固然需要金钱作为后盾，但是自由并不需要很多钱，但是必须每一分钱都是自己挣的。

如果有人对我说："我养你啊。"估计我会高兴地跳起草裙舞来，但是我从来不认为被人养是一件很幸福的事情，可能有人就会跳出来大喊："你又没被人养过，凭什么这样说啊？"确实，我没被人养过，但以我的个性来说，被人养着，无所事事，实在是一件太无聊又浪费生命的事情。虽然我没有被除父母以外的人养过，但是我却能肯定真正的爱是尊重，是"如若爱她，就给她自由"，以她需要的方式去爱，让她去做自己喜欢的事情，而不是以爱为名剥夺她体验自己的人生，追求自己梦想的权利。当然最好的事情是有人愿意养你，又爱你还给你自由，让你去做自己爱做的事情，但是这样的好事去哪找呢？

主持人李静说："我们的人生如果被人养着，衣食无忧就满足，那也太初级了！"我始终认为生命是体验的集合，能够迸发爱与创造的人生才会像彩虹一样美丽。人生本来就是一段旅程，目的地都一样——死亡。有的人的旅程充满五颜六色变幻万千的风景，有的人的旅程只是一成不变的索然无味，你想成为哪一种人？

如果你真的是想安安逸逸，被人养着过一生，并在死去的时候对自己的选择感到心满意足，没有遗憾，那我绝对支持你的选择。人的生命只有一次，你最好问一问自己，是否只是想停留在最初级的阶段而不想去过一过更高级的人生？

《月亮与六便士》中的主人公思特里克兰德还说了这样两段话：

“因为女人除了谈情说爱不会干别的，所以她们把爱情看得非常重要，简直到了可笑的地步。她们还想说服我们，叫我们也相信人的全部生活就是爱情。实际上，爱情是生活中无足轻重的一部分。”

“要是一个女人爱上了你，除非连你的灵魂也叫她占有了，否则她是不会感到满足的。因为女人是软弱的，所以她们具有非常强烈的统治欲，不把你完全控制在手就不甘心。女人的心胸狭窄，对那些她理解不了的东西非常反感。她们满脑子想的都是物质的东西，所以对于精神和理想非常妒忌。男人的灵魂在宇宙最遥远的地方遨游，女人却想把它禁锢在家庭收支的账簿里。”

女人们看看吧，记住伟人的教训吧，不要只懂得索取，不懂得付出，不要只知道爱情不懂得理想，不要只会依附而无法独立。

我特别希望女性能够依靠自我的力量给自己很多很多爱，为自己挣很多很多钱，而不是依靠任何其他的人。女人拥有更多独立，才能拥有更多选择，更多自由，更多欢笑。

最后我写上自己最好的愿望：希望男人都娶个又漂亮又相爱的妻子，女人都嫁个又多金又相爱的丈夫。如果没有漂亮和多金，那就至少相亲相爱幸福地过一生吧。

# 只爱得不到

## 我只爱得不到

在我为数不多的恋爱经历中，我发现让我最快乐最受伤也最印象深刻的爱情，感受往往来自那些不爱我的人以及那些一开始爱我而后来变得不爱我的人。

我会爱上那些要陪伴女朋友或者妻儿的男人，那些不接我电话，不回我信息的男人，和我相隔十万八千里的男人，那些会用工作忙碌、身体不适的借口拒绝和我约会的男人。总之一句话，我会爱上那些不爱我的人，我爱那些不可能与我共度人生的人。

当然，面对这些不爱我的爱人，我是不会轻易放弃的，反正我又不是林俊杰，而且还是一介女流，可以不识时务，因此我通常选择继续默默地爱着他。

给他写满是忧伤和痛苦的情书，诉说自己对他浓得冒泡的思念，偶尔还会滴上自己写信时情难自控掉下来的眼泪，但这些信绝不会寄出去。

逛商城的时候我会去看看男装店，像一个恋爱中的女人一样，认真地猜测、细心地寻找自认为爱人会喜欢和合适的款式，还会和导购员讨论 size 大小的问题，但绝不购买。

去一个地方旅行的时候我会想着某一天与他并肩站在一起看着眼前的美丽风景；我还会记得给他带小礼物，但是回来时我只会将礼物随手丢进抽屉里。

吃到某一样好吃的东西时，我会心思活络，想着下次带他一起再来吃，但是不可能有下一次。

在结束一天疲惫工作后的快乐沐浴时光里，在走夜路听着 MP3 中的情歌时，在刚睡醒的晨光中和正入睡的夜间我还会幻想与他做爱，抵死缠绵，共赴高潮。

……

如果我全部的恋爱感受是个半径为 52cm 的圆形，那么由那些没有寄出去的情书，自导自演的代购戏码，未送出去的礼物，不会实现的共同旅行，没有机会一起品尝的美食以及不可能实现的性爱想象……构成的得不到的爱就是那个半径为 52cm，最苦乐参半的同心圆。这个同心圆的重点是我爱，而不是他。你是个必须存在的具体的男人形象，但却不是一个不可替代、独一无二的爱人，他甚至不需要与我有实际的联系。我想我并不是真的爱他，只是喜欢爱着一个人的感觉，与其说我爱他，还不如说我爱爱情。

听起来是不是很矫情？但我必须声明，我的这些感情都是非常真挚、纯粹、不求回报的。相比矫情，痛苦更甚。爱一个不爱我的人，拥有一份得不到的爱真的令人非常痛苦，这种痛苦很复杂，包裹着对自己的不满、压抑与宠溺，也包裹着对对方的爱与厌恶，期盼与渴望。

相反地，那些积极主动，热情追求我的男人往往得不到我的喜欢青睐，甚至会引起我的反感和厌恶，通常我会鄙视那些喜欢或者爱上我的男人。我好像具有一种中国初高中女生的变态心理——谁喜欢我谁就是王八蛋。记得初高中时期那些被某个男生喜欢的女生总是有一股恶狠狠的气质，当她在教室内外的走道上遇到那个喜欢她的男生简直就像看见了杀父仇人，恨不得磨刀霍霍冲向对方还要大声质问一声："你个王八蛋，那么多人你不喜欢，为什么非要喜欢我呀！"

除了讨厌和鄙视喜欢我的异性，在我身上还有一个怪现象：当那些我苦苦爱恋却一直不爱我的人如果忽然转过身来爱我时，原本在我眼中无比耀眼迷人，头顶上笼罩着金光闪闪光环的爱人瞬间就从神位上掉下来，像个泥塑像碎了一地，他在我眼中变得一钱不值，狗屁不是，我对他的爱恋也顷刻消失了。

记得初恋失恋后我一个人默默忧郁难过，流了无数悲痛之泪，写了无数伤心的思念日记。当爱情之痛不再剧烈却依然存在的两年后的某一天，对方忽然主动联系我，然后便开始不断通过邮件、QQ、手机频繁和我沟通，最后表达出对我念念不忘，欲与我复合的意愿时，瞬间我就放弃了自己对他多年的爱，从此以后不再爱他，彻底从得不到的爱情绝望中走了出来，继续大踏步地走在寻找真爱的康庄大道上。

我这种状态与那种苦苦追求一个女人，在终于把对方搞上床后就再也不喜欢她，甩人离开的男人多少有点相似。只不过作为前者的我是得不到的渴望幻灭了，后者是征服感消失，两者都伴随着一定程度上的失落与沮丧。

总之，我只爱得不到，没有回报的爱。我爱的要不爱我，爱我的我不爱，听起来是不是神经病？挺欠揍的？如果你也同意，那真是太好了，我们达成了共识！

## 全世界都爱得不到

我只爱得不到的，但是我知道我绝对很普通，绝对不特别。追溯过去，放眼全球，并非只有我一个人热衷这得不到的爱，无数伟大的文艺作品都在演绎这得不到的爱。

在歌德《少年维特的烦恼》中，少年维特爱上了一个名叫绿蒂的姑娘，而姑娘已同别人订婚。爱情上的挫折使维特悲痛欲绝。之后，维特又因同封建社会格格不入，感到前途无望而自杀。如果“爱得不到”可以分等级，那么，这至多只能算得上小学毕业级的爱情故事。但是，就是一个如此基础版的“爱得不到”的故事却曾震撼了德国乃至欧洲整整一代青年的心。

在茨威格《一个陌生女人的来信》中讲了一个暗恋的悲剧故事，一个女人一生都在暗恋一个男人，和他几次交欢，还生下一子。迫于生活，沦入风尘。但直到女人死亡，男人却依旧不知道她的名字，甚至都不记得她。这个女人完美演绎了默默守候，不求回报，也得不到的爱情。

在马尔克斯《霍乱时期的爱情》中，阿里萨没有同自己深深爱恋的费尔米纳在一起，他看着她嫁给了乌尔比诺，于是他开始了五十三年的等待，等到心中女神的丈夫挂了，才终于与之在一起。

虽然最终得到了爱人，但那时两人都已是行将就木的老人了。

在F.S. 菲茨杰拉德的众多小说中不是讲爱情梦追求不到，就是爱情梦已经幻灭、失落的故事，总之就是得不到的爱，有《了不起的盖茨比》、《明智之举》、《冬天的梦》等篇，其中《了不起的盖茨比》堪称经典。发了财的屌丝盖茨比千里迢迢来到西卵，为了追寻住在对面东卵，已经嫁人的黛西。他买下豪宅，夜夜召开盛大party，就是为了黛西能看到，后来终于与黛西见了面，但是最后他还是没有得到心中女神的爱。不仅如此，他还因她梦碎人亡。

在奥尔罕·帕慕克的《纯真博物馆》中，30岁少爷凯末尔爱上了自己的穷亲戚、18岁的清纯美少女芙颂。可两人的爱情来而复去，为了找回爱人的心，凯末尔苦苦追寻了八年，找到芙颂时她已嫁人。凯末尔爱她所爱，甚至爱她触碰过的一切。他收集着心上人摸过的所有物品，盐瓶、顶针、发卡、耳坠、纸牌、扇子、香水瓶……甚至是4213个烟头。他创造出独一无二的“纯真博物馆”，所有的物件成为这座爱情博物馆的珍藏，纪念他得不到的、永失的爱。

在电影《成为简·奥斯汀》中简·奥斯汀爱上了心灵相通的汤姆，他是个实习律师，穷得叮当响。因为汤姆家人并不赞成二人的婚事，于是他决定携简私奔。但是这样一来，汤姆的经济来源就会被切断，简亦将面临着世俗的压力和贫困的生活。为了两个人的前途，简放弃了私奔，终身未嫁。多年后，成为首席大律师的汤姆将自己的长女取名为“简”。

……

看看，哪一个爱情故事不是“我爱得不到”，哪一个不是“我自虐我快乐”的模式，这“得不到”不是追求不到，就是永远失去，不再拥有。这自虐不分男女，我爱自虐，自虐爱我，对我来说，可以得到的爱算什么……（关于文艺作品中得不到的爱，实在是太多了，我三天三夜都说不完，省略号的部分，欢迎大家随意热情补充。）

## 一样的得不到，不一样的原因

为什么这么多文艺作品都在讲述这样那样痛苦曲折，受到阻碍而得不到的爱？为什么那么多人对得不到的爱趋之若鹜？

因为得不到的爱算得上爱情中最为强烈的一种，它显然带有剧烈的痛苦。可是人们就是爱着这痛苦，这痛苦是自己选择的结果，是因自身的迷恋不愿割舍的重要部分，因为痛苦具有快感。我爱的人送我以伤口，伤口固然疼痛，但却不是身外之物，它长在身上，嵌进肉里；爱我的人送我以礼物，礼物固然美好，但却是身外之物，随时可以抛弃不要。我爱我的一切，包括爱我的痛苦。我痛故我在，这是一种“我受虐我快乐”的心智模式。算不算自恋的一种变形？除了快感，痛苦还很有益，它能使得一个人的心灵获得成长，变得强韧，值得感恩。就像田馥甄《My Love》的歌词：如果你被她伤得很痛，请感谢她好心折磨；如果你对她感到愧疚，请感谢她慷慨泪流。当然，痛苦也有可能带来毁灭。

因为得不到的爱带有悲剧性质，而悲剧融合了同情、快感、伟大、牺牲、崇高、英雄主义等诸多感情，这些感情都非常美好又难能可贵，让甘当悲剧的主角们产生“我悲剧我伟大”的感觉；悲剧还具有缓和情绪、净化心灵、升华人性的作用。我们看完一部《罗密欧与朱丽叶》之后，一方面为他们的爱情感动，另一方面庆幸自己还活着，顿生优越感，同时还会因为流了眼泪，心情轻松和愉快。朱光潜在《悲剧心理学》中很好很完整地论述了悲剧的作用。

因为得不到的爱是特别的，不平凡的。与和和美美、一帆风顺的爱情相比，它显得非常独特、不平凡，它大大帮助主人公摆脱了平凡和庸俗。法国哲学家在给妻子的情书《致D》中说："第一次深深地爱上一个人，同时也得到这个人的爱，以前我觉得这样的故事太平庸，太个人，太普通；这不是能够让我进入普遍意义的物质。相反，失败的、不可能的爱情才是高贵文学的范畴。我一向只在失败和虚无之美中感觉自在，而不是在成功和肯定之中。我必须位于你我之上，不惜以损害我们，损害你为代价，借助超越我们个体存在的思考。"你看，连哲学家都会受到得不到爱情的诱惑，更何况普通大众。试想一下，那些没有曲折，没有阻碍，平平淡淡，和谐顺利的爱情电影、爱情小说谁爱看啊！多么无聊，多么没意思啊！

为什么那么多人甘当并乐当暗恋悲剧的主角？

为什么那么多人愿意痴痴地追忆逝去的爱情却不愿重新行动去找寻新的爱情？

为什么那么很多人愿意苦苦追寻远在天边得不到的爱而唾弃鄙视近在眼前随手可以得到的爱？

大部分原因就是得不到的爱情是痛苦的、悲剧的、不平凡的。

在我看来，"只爱得不到"的原因是非常复杂的，除了它是痛苦的、悲剧的、不平凡的，还因为它是安全的。

阿兰•德波顿在自己的专栏中写道："没有回报的爱也许很痛苦，但也很安全，因为它只会把伤害带给自己，而不会强加到别人身上。这是一种苦乐参半的个人痛苦，就像完全是自己引发的一样。但是只要爱得到了回报，你就不得不准备好放弃那种仅仅会‘被伤害’的被动意识，还要自己承担恶意伤害的责任。”我沉浸在得不到的爱情中，清楚地知道我不会被其他人伤害，也不会去伤害其他人，而我获得的伤害主要来自我自己。你看，我多么安全，多么善良啊！

一旦你得到了想要的爱情，一旦你的爱情不再无人回应而是获得了回报，你就必须为这份爱情承担起责任，不管承担的时间长短（长的有可能就是一生啊，多可怕），反正你要承担责任。我并非享受得不到的爱情之痛，但是我确实害怕在爱中承担责任，我害怕接受爱情的束缚，害怕自由与自我的丧失，害怕过一种与他人有联系的生活。其实，说到底这是一种恐惧，恐惧责任，恐惧失去自由。具体来说是恐惧自由选择机会的丧失，如果我选择了这一个，就不能选择另外一个，说不定下一个会更好呢？

就我个人而言，“只爱得不到”的真正原因是：害怕伤害他人，害怕选择，害怕对他人负责，害怕被爱情束缚，于是逃避选择，逃避责任。也许在我的内心对自由的渴望更甚于对爱情的渴望。

“只爱得不到”的爱情还具有娱乐的作用。王小波在《黄金时代》中表达了性的娱乐性，他说：“据说海豚之间有生殖性和娱乐性的两种搞法。这就是说，海豚也有伟大的友谊。我和陈清扬连在一起，好像两种海豚一样。”同样，有的时候我只爱得不到的爱情也是为了娱乐。当我不想工作，又找不到其他有趣的娱乐项目来做时，我就会思念一下我那些得不到的爱人，自娱自乐一番。毕竟这很简单，不用排队，不用花钱消费，更不必出门寻找。

王菲翻唱过一首Cocteau Twins（极地双子星）的名曲《Rilkean Heart》，中文版叫《怀念》，曲调自然、轻松，唱得更是随意欢快，也多少表达了“只爱得不到”的娱乐性质。

推辞每次 真实的相聚
困着自己 渴望着你的消息
沾沾自喜 拒绝的魅力
不着痕迹 享受着与你的距离

也许喜欢怀念你 多于看见你
我也许喜欢想象你 多于得到你
也许喜欢怀念你 多于看见你
我也许喜欢想象你 不需要抱着你
也许喜欢怀念你 多于看见你
我也许喜欢想象你 受不了真一起啊

听完这首歌，你脑海中是不是浮现出一个女人在用爱情自娱自乐的快活场景？我听过很多已婚人士一边悲叹自己找不到灵魂伴侣的痛苦，一边又不愿意放弃实际生活中的俗世伴侣。就是因为“只爱得不到”很安全很娱乐，简直是居家旅行出门必备的娱乐项目！

有时候，我会怀疑“只爱得不到”这是一部分人的宿命（宿命论在爱情中流行了几千年）。比如，有的男屌丝就是只爱得不到的女神，有的女屌丝就是只爱得不到的高富帅。但是随着青春的流逝，很多男屌丝放弃了得不到的女神，很多女屌丝也放弃了得不到的高富帅，他们纷纷从得不到的迷梦中醒悟过来，找到与自己匹配的另一半，过上了世俗的幸福生活。一方面，我认为这是青春期结束后的成熟表现，另一方面，我认为这是面对现实，对现实无奈之后的接受和妥协。当然，并不是所有的人都甘愿接受和妥协，那些不接受和不妥协的人依然在战斗着。

“只爱得不到”还涉及人性的一面——人性本贱，人就是爱他得不到的东西。正如法朗士的格言“人类没有去爱他已拥有之物的习惯。”因为得不到而爱，因为爱不得而欲罢不能。与此对应，蒙田说：“爱情中别无他物，只有对身外之物狂乱的渴望。”得不到的永远在骚动，让你趋之若鹜。如果已经拥有了，我还渴求什么，我当然要爱我得不到的呀！

还有的人“只爱得不到”是因为他们害怕得到，害怕拥有，他们就靠着这“得不到”而活，一旦得到，他们就失去了活着的动力。就像有的男人苦苦追求一个女人十几年，当最后求婚成功，在婚礼现场却逃跑了，因为一直以来他都是为了得到她而活，如今得到了，他失去了原有的动力，又没有找到一个新的活着的动力，于是他选择再次得不到。在《牧羊少年奇幻之旅》中，当水晶店的老板终于有能力去实现他的梦想——去麦加朝拜时，他却选择不去，永远不去麦加，依靠对麦加的憧憬而活也是这个原因。

从得不到的爱推而广之，有多少人为没有从事的职业苦恼，为没有实现的梦想遗憾？我们总是为了我们没有的颠沛流离，寝食难安。就像森林中有两条路，一个人一旦选择了A路径，就看不到B路径上的风景，也不知道选择了B路径会怎样，于是，我们总是去猜想自己未选择的那条B路径是不是空气更新鲜，风光更旖旎。其实不然，如何去爱我们的选择，如何对我们的选择感到满意，也许是我们终身要学的事情。

也许，当某一天我们真正做到不再恐惧平凡；不再恐惧失去自由，与他人缔结联系；不再希望通过追寻得不到的东西来确认自己的存在，证明自己的能力；不再自卑，不再懦弱，能够强大到承担起另一个生命的责任；能够做到对自己的选择满意，活在当下，珍惜眼前，我们就会得到我们想要的，我们得到的就是我们所爱的，我们所爱的也正是我们得到的。

# 爱自己，就不要过度牺牲

## 牺牲自己并不会使大家都幸福

小的时候我们全家都住在乡下，家里会养猪，养鸡鸭这些家禽，还会养小狗小猫这些小动物，因此家里的剩饭剩菜常常都成了动物的吃食。我妈妈也会因为养这些动物，故意多做米饭的量。

后来有一段时间，家里不养这些动物了，可是我妈还没有适应和学会改变，每每做饭都做太多，而剩下一些饭。第二天，她主动要吃剩饭，家里的其他人都吃新鲜的饭，如果谁和她抢吃剩饭就像剥夺了她展现伟大母爱的权利一样，她会非常不高兴，于是大家都让她吃剩饭。但是当她把剩饭吃完，当天新鲜的饭又会剩下一些，于是，这些剩饭我妈又留着第二天自己吃。

她吃剩饭吃了好几个月，大家都觉得对不住她，最后在大家的坚持反对和反复劝说下，也因为妈妈终于肯少做些饭，她终于不再吃剩饭了。从这事情上我也终于找到我母亲爱唠叨，爱抱怨，还让别人听了很不舒服的原因：她太过度牺牲了。

我相信很多子女一定听过自己妈妈这样的抱怨：我舍不得吃，舍不得穿，什么都给你们好的，起早贪黑地干活都是为了你们，为了这个家，你们却这样不懂事，真让我伤心。也许是社会观念的支配，认为母亲就应该为了家庭，为了子女牺牲自己，奉献自己，也许是母性使然，母亲会爱护孩子，热爱家庭，为了家人任劳任怨，不断付出，委曲求全。总之，母亲这一角色总是与奉献和牺牲联系在一起，但是一个人过度牺牲自己，长期让自己受委屈，既不会让自己感觉幸福，也会让身边的人产生压力。

多年前有一则新闻引起广泛的热议。哈尔滨有一个单亲母亲，从儿子中考一直陪读到儿子考研。孩子两次考研两次失败，为了母亲他还想再考。但严重的抑郁症使他再也考不下去了。孩子持刀自残，母亲夺刀相救，结果误刺母亲，险些要了她的性命。据说这位母亲本来是一个性格开朗、工作干练的基层妇女干部。当她下决心进城陪读的时候，刚刚40岁出头。她拒绝再婚，辞掉工作，卖掉房子，把自己生命的全部都押在了儿子身上，结果换来的不仅是考研的失败，也毁了孩子的人生。

这位母亲陪读九年，牺牲巨大，结果却是如此残酷，让人惋惜也替其不值。但是，这件事也让我们认识到一点：女性为了孩子，牺牲自己，并不是智慧的做法。一个把全部心思都放在孩子身上没有自己的理想和追求，使自己的生命之光黯淡的妈妈，不但自己活得累，而且还会给孩子造成巨大的精神压力和负担。

纪伯伦在《先知的灵光——孩子》中说得好："他们是借你们而来，却不是从你们而来，他们虽和你们同在，却不从属你们。你们可以给他们爱，却不可以给他们思想；你们可以荫庇他们的身体，却不能荫庇他们的灵魂。”孩子也会有自己的选择和人生之路要走，他们有自己的自由和思想，那些企图控制孩子，那些希望以牺牲自我为条件换取孩子成功的父母，很有可能会牺牲掉自己的孩子。而那些给孩子自由成长空间，同时不放弃自己的追求，努力为自己奋斗的父母则会给孩子树立一个好榜样，使得孩子更健康更快乐地成长。

女性面对孩子时会过度牺牲自己，面对伴侣时也常常过度牺牲自己。我有个男性友人近日非常苦恼，因为他的女朋友总是动不动就对他发脾气和指责一通，有的时候甚至对他进行人身攻击。常常是以“我为了你”为开头，以“可是我却什么都没得到，你还这样对待我，你个没良心的”为结尾。原来当年他们在另一个小城市生活，为了男友的事业发展，女方放弃了自己的工作，两人一起来到大城市打拼和奋斗。来到大城市发展后，两个人都有了新工作，但是男方工作异常忙碌，女朋友为了男朋友的健康，辞了工作，照顾起他的起居饮食，两个人过起了幸福的同居生活。但是好景不长，当男朋友获得事业上的晋升，小有所成的时候，他们的幸福却不见了，开始频繁争吵。女朋友因为一心扑在男友身上，在新城市里并没有交到多少朋友，男朋友工作忙碌不能陪伴她的时候，她就倍感孤单。随着男朋友事业的发展，她越来越没自信而且变得多疑，常常查看对方的手机，盘问男友的行踪，怀疑他和别的女性有染，觉得自己为他远离家乡，放弃了自己的工作，实在不值又委屈。这使得她长期陷于痛苦，又让对方不胜其扰。我对这位男性友人的建议是：找个保姆照顾两个人的生活起居，让女友停止过度牺牲，鼓励女友出去找份自己喜欢的工作，同时出去社交，建立起自己的朋友圈，这样她不仅没时间去吵架，也更能找到自己的价值。

过度牺牲是婚恋关系中的一大杀手。很多女性错误地认为：当自己为这个家庭，为这个男人付出更多的心血，奉献更多的自我，就能得到对方更多的爱。但我们发现，实际上，正好恰恰相反。越是更爱自己的女性（当然这里的爱自己并不是自私自利，而是指为自己而活的女性）越容易拥有一个更爱自己的伴侣与更美满的婚姻生活。而为了父母，为了家庭，为了伴侣，为了公婆，为了子女而付出一切，牺牲一切的女性反而会面对更多的指责，生活不幸福。

如果男女双方获得的幸福是通过女性过度牺牲，无论牺牲的是她的事业，学业，还是人际关系而获得的，那么他们的关系并不会稳定，幸福也不会持久，往往还会出现问题。这是为什么呢？原因很简单，牺牲意味着伤痛，意味着不公，只要有伤痛和不公，就会希望获得补偿，一旦想获得补偿就会破坏两个人的关系。牺牲的女性内心其实并不是心甘情愿的付出，而是为了有所得而牺牲的，但是得到多少才算公平和满足呢？这一点很难衡量。她往往需要伴侣更多的关心更多的爱，如果伴侣做不到，她就会替自己的付出感到不值，也会怀疑伴侣是否爱自己。而承受牺牲的男性会产生很多的负罪感，刚开始他会感谢或疼惜女性的付出，更爱她，但是时间一久，对对方的疼惜与爱也会减弱，同时也会因为不堪负罪感的压力，开始逃避，为了躲避内心的负罪感，反而会认为女性的付出和牺牲是理所应当的，是她自己没有能力的表现，会更加贬低与指责女性。这就会陷入一种恶性循环，导致关系破裂。我们看到很多为了伴侣牺牲的女性最后不仅得不到伴侣的爱，还导致伴侣离开她，就是这个原因。

在现代社会中，仍有一部分女性把自己的人生希望全部寄托在孩子和伴侣身上，认为自己是从属于孩子，从属于伴侣的。以为孩子有出息，就是自己有出息；伴侣事业上获得成功了，就是自己成功了。其实，这是一种天真的错觉。每个人都是独立的个体，伴侣、子女并不能代表你自己去创造价值，一个人对自我价值的寻找与建立，对生命探索必须由自己完成。

还有的女性企图通过牺牲自己的某项权利，牺牲自己的某种需求来获取伴侣的爱，其实这种人并不能够很好地爱自己，也注定无法很好地爱他人，只是以各种各样变相的方式去控制对方。她们的口头禅常常是："你看，我为了你这样，我为了你那样，你却什么都没有为我做。""我对你这么好，你却老让我伤心……" 其实她们表达的深层含义是：我为了你牺牲了自己的幸福，可是你却没有让我感觉幸福。

还有一种女性会有自我牺牲的错觉，明明没有付出很多，却会觉得自己非常委屈，遭受不公待遇。你发一条短消息给男朋友："李雷，我爱你。"然后一分钟看300多次手机，希望收到："韩梅梅，我也爱你"的回信。没有收到，你就伤心难过，沮丧万分，觉得对方不爱你。其实说到底，这些统统不是爱，也不是心甘情愿地付出，而是打着爱的旗号索取，这是一种隐形的要求，要求物质和情感的等价交换，这是把自己索取爱当成爱对方。因此，她们会对在伴侣身上的每一点付出记得清清楚楚，同样也会斤斤计较，明明是自私地索取爱却老感觉是自我牺牲，所以没有等价回报的时候就成为怨妇，成为受害者。

## 不过度牺牲，才会有幸福

我鼓励女性不要过度牺牲自己，要建立起自己的价值。一个女人，首先是作为一个独立的人存在，然后才有其他属性，作为妻子，或者作为母亲的角色。如果你把自我的价值建立在男人和孩子身上，你自己不幸福，也会使得男人、孩子因为要对你负责而不能承受生命之重。每个人都是独立的个体，都有自己的人生之路要走，这条路也是不同于他人的，不管是面对孩子，还是面对伴侣，女性要学会爱自己，避免过度牺牲掉自己的自由、独立和幸福。

事实上，我们应该认识到：幸福是一种能力，真正的幸福感并不是来自外部的给予，而是来自自我内心深处的滋养。德国情感医师爱娃写了一本书叫《爱自己，和谁结婚都一样》表达这样一个观点：你的幸福掌握在自己手中，请将寻找爱的触角伸向自己的世界。她在“真正的伴侣是你自己”一节中说：“我们所需要的理想化的存在与完满合一的感觉，更多的是从我们自身内部获得。每一个人生来就是如此，但是人们往往容易忘记这一点。这就如同一颗葵花种子，所有使它最终成为一棵向日葵的信息已经都蕴藏在种子里了。”我们是有能力让自己获得幸福的，而不必通过自我牺牲的方式获得。国际芳香疗法治疗师学会大中华区首席代表金韵蓉老师写过一本书叫作《先斟满自己的杯子》，她在书中说：“不要再等待别人来斟满自己的杯子，也不要一味地无私奉献。如果我们能先将自己面前的杯子斟满，心满意足地快乐了，自然就能将满溢的福杯分享给周围的人，也能快乐地接受别人的给予。”从现在开始停止一味奉献，拒绝过度牺牲，学会爱自己。只有爱自己的人才能更好地爱他人，得到他人的爱。

爱自己，说起来容易，做起来其实并不简单，我相信只要我们一起努力，去学习就能够做到。除了不要过度牺牲外，爱自己，我们还要尝试做到以下几点：

1. 照顾自己的身体。有些女性非常关心和在意伴侣的身体健康，对自己的身体却不够关心和照顾，生病了还要硬撑，对待自己的饮食也非常随意。从现在开始你要爱自己，照顾好自己的身体，健康饮食，注意劳逸结合，适度锻炼身体，远离不良的生活习惯，呵护自己的身体。

2. 学会接纳自己，赞美自己。有的女性朋友总是对自己很苛刻，很挑剔，对自己有诸多不满，比如胸太小，眼睛不够大，腰围太粗，事业不够成功……从现在开始爱自己、接纳自己、对自己满意，学会欣赏和赞美自己的优点吧。

3. 停止自责。有些女性喜欢大包大揽，生活中一遇到问题就开始自责，觉得一切都是自己的错，男朋友提分手是自己做得不好，丈夫出轨也是因为自己做得不好，孩子学习不好也是因为自己做得不好。有的明明不是自己的责任却也要归咎在自己身上，用别人的错误来惩罚自己。从今天起，爱自己，不要再自责了，你已经做得很好了，很多事情不是你能控制和搞定的，你要学会接受这一点。

4. 独立自主。爱自己，你就要学习独立，有自主精神。你有一定的经济收入和工作能力，能够养得活自己，能自由支配自己的收入，这会让你自信和有安全感。你还要有自己的朋友圈，没有恋人陪伴也不会太感孤单。你最好还有自己的兴趣爱好，不怕与伴侣分开，一个人独处也愉快。

5. 尊重自己，学会倾听内心的声音。你是不是常常因为外界的压力而委屈自己，违背自己的心声：学一个父母认可而自己不喜欢的专业？做一份别人看起来很不错但自己却不喜欢的工作？和一个条件不错但自己不爱的男人在一起？学会爱自己，不要委曲求全，要尊重自己内心真正的意愿，要有勇气拒绝自己不愿意做的事情，为自己而活，成为对自己心声负责的达人。

# 有一种幸福叫作“微幸福”

昨儿晚上抱着日记本写日记，写满了这一本的最后一页纸，这个时候我总是喜忧参半，喜的是终于可以换一本新的日记本了，忧的是我又用完一本日记本了，时间过得飞快，像一截轰轰烈烈的高铁呼啸而过。我写完日记很少去翻看，但写满一本的时候我会去翻阅前面写的东西，我发现自己记录了许多小事情。这些事情虽然微小，也不特别，但像一束永恒燃烧的火花，实在，温暖，生活，于是我决定把这些微小的瞬间收集起来。

1. 和女朋友们聚会结束后，我们在街头道别，她们每一个人都会给我一个拥抱。

2. 很冷的天气去女朋友家，她烧鱼汤给我们喝，然后，大家一起窝在沙发上看蓝光电影。

3. 下雨天，去豆瓣友邻家玩，我们一起做饭吃，走的时候他送我一盒香气很好闻的面霜，还送我出门。

4. 跟朋友约好在地铁站见面，到了才知道没带手机，我也不记得他的号码，在沮丧之际他找到了我。

5. 要去见一个很久没见的朋友，心跳得很快，就像谈恋爱的感觉，发现原来我还会害羞。

6. 周末请朋友到家吃饭，他带来了许多水果，我高兴地吃了一个星期。

7. 朋友陪我去公园跑步，我在跑道上跑，他坐在旁边看，一个小时后我跑完 10 公里了，他的手臂被蚊子叮咬了 10 个包，但是他没有抱怨，还给我拍了好几张好看的跑步照片。

8. 和朋友去旅行，第一天住在海边的旅馆里，外面下着大雨，我睡得很好，醒来太阳已经照进来了。

9. 在公园跑步的时候跟我并肩跑步的是个胖大爷，我们一起跑了 6 公里，然后我继续跑，坐在跑道边擦汗的他对我竖起了大拇指。在学校操场绕圈跑，有个很萌的五六岁小正太陪我跑了 2 千米，还问我，你跑了几圈了？然后对着我喊：加油！

10. 收到朋友从远方寄来的一张明信片，上面手写的字很漂亮，还是我喜欢的大海图案。

11. 给一个抱着小孩的妈妈让座，孩子对我说，谢谢姐姐，对的，他叫我姐姐，不是阿姨。

12. 去银行的路上，遇到一个坐轮椅的老太太，我帮她过了两个路口，她感动得拉着我的手不知道说什么好。

13. 早上醒来，打开豆瓣，发现有好几个提醒。

14. 在豆瓣网上更新了一篇日记，一天就有 1000 个推荐。

15. 回复了一个豆友的求助豆油，过了几天，他 / 她发来了感谢信。

16. 水培的绿植抽出了新芽，开了红花，而且是两朵，还吸引来一只彩色的大蝴蝶。

17. 某一天，发现绿植的叶片上有一滴水珠，折射出太阳的光芒。

18. 早上被鸟叫声吵醒，起床，拉开窗帘，看到晾衣竿上一只大鸟在给一只小鸟喂虫子，第一次见，觉得新奇又美好。

19. 加班回家的时候，经过一个广场，卖唱歌手正在唱着一首我喜欢的歌。

20. 打车回家一路都是绿灯，出租车司机说，我们真好运，一个红灯都没吃。

21. 心里想妈妈，想给她打电话的时候，手机忽然响了，一看是妈妈的来电。

22. 爸爸打电话给我，告诉我，他想我了。

23. 家里没有书架，我把所有的书放在大衣柜里码好，发现自己至少拥有 100 本书，感觉很富足。

24. 在图书馆的地板上坐着看书，工作人员悄悄给我搬来了一把凳子。

25. 借的书过期两天了，还书的时候以为要罚款，结果没有。

26. 下雨的夜晚，躺在床上看书，然后睡着了。

27. 一早到公司，收到图书公司的编辑寄来的好几本书，其中刚好有我昨天想买的那本。

28. 一篇书评在报纸上刊登了，还收到 200 元稿酬的汇款单。

29. 家附近的图书馆正在重建，快可以用了，每次看到它红色的外立面我都忍不住想笑。

30. 想买的东西降价了，而且还不是一点点，是打对折。

31. 早上出门前，隔壁阿姨送来两个大大的水蜜桃，说很好吃，让我放进冰箱。

32. 晚上写稿的时候，阿姨端来一碗冰镇绿豆莲子汤，为了不打扰我放下碗就走了。我想起她前一天送给我喝的是冬瓜猪脚汤，很好喝。

33. 阿姨教我做葱油拌面，我做一次就成功了。然后还炒了两个小菜，做了一个拌面便当，然后带着便当去参加几个同学的聚会，大家都说好吃，一下就把便当吃光了。

34. 冰箱里有两根冰棍，第一根是阿姨上周送的，第二根是阿姨这周送的，我可以随时吃掉它们，但我决定留着下周再吃。

35. 周末的时候把冰箱装得满满的，家里打扫得干干净净的。

36. 出差去外地，和同事一起吃了当地的特色大龙虾，还是老板请客。

37. 出差的路上，在动车上安静地看了半本书。

38. 坐飞机的时候，靠窗，天气晴朗，看得到大朵大朵的白云。

39. 同事借了几本好书给我看，而且从不催着我还。

40. 办公室里，有个男生最近经常对我说，喜欢我。不知真假。

41. 楼下的便利店，新来了一个收银员，是个学生仔，超级帅的。

42. 拖地板的时候听了几篇有声书摘，都是自己喜欢的。

43. 每个月末，办公大楼一楼的前台会把我喜欢的心理杂志放在我的座位上。

44. 终于存够了第一个五万。

45. 早上上班的时候匆匆走进了地铁站，发现刚好赶上一趟地铁。

46. 平常很拥挤的地铁却一整个空车开进了站，我不急不忙地挑选了一个靠角落的座位。

47. 在地铁上看书，发现旁边一个男生跟我看一样的书，还对着我微笑，于是，我下车前故意用手臂蹭了下他的手臂，还对他说了再见。

48. 春节过后，忽然收到一个包裹，打开才记起是自己节前买的一条裙子，里面有一张很可爱的小卡片，上面写着“对不起，我们迟到了”，还有一份额外的礼物。

49. 打电话叫外卖的时候，等了半个小时还没送来，我对着同事说：“如果他五分钟之内还不来，我就打电话告诉他不要送了。”话音刚落，送外卖的小哥神奇地出现在我面前，我又惊又喜。

50. 今天到了公司才记得自己忘记把做好的便当带来了，正郁闷中午吃什么的时候，有个同事忽然要请我们几个人吃午饭，还是去我爱吃的素菜馆，那些带便当的同事只好把饭送给了别人，我瞬间感觉很幸福。

……

像这样细小而美好的时刻，我还可以列举出许多，因为它们一直都存在于我的生活中，我把所有的这些时刻都叫作微幸福。它是流淌在生活中的小小幸运与快乐，是一种稍纵即逝的美好。微幸福，我的生活之光，我的欲念之火，我的快乐源泉，我的灵魂之歌。微幸福，它们很常见很普通，但不廉价不庸俗，很微小很简单，但却值得铭记，值得珍惜。我相信每一个人都有自己的微幸福，每个人的微幸福也各不相同。我有个朋友的微幸福是“吃妈妈烧的菜”；另一个朋友的微幸福是“坐在男朋友自行车上吃冰激凌”；有个男同事的微幸福是“带两岁的女儿去学游泳”。这也是村上春树所说的小确幸——一种是微小而确实的幸福。“每一枚小确幸持续的时间 3 秒至 3 分钟不等。小确幸就是这样一些东西：摸摸口袋，发现居然有钱；完美地磕开了一个鸡蛋；吃妈妈做的炒鸡蛋；排队时，你所在的队动得最快……” 你的微幸福又是哪一些？

幸福是一种心态，一种感知，也是一种能力。当我们对生活蹬鼻子上脸，有诸多不满与要求的时候，幸福又怎么可能低眉顺眼，近在咫尺，唾手可得呢？当我们被社会观念捆绑，认为有房有车有百万存款的时候才幸福，真正的幸福又怎么入得了我们被蒙蔽的双眼？生活没有注定的快乐，幸福也不是理所当然。也许只有当我们抛开相互攀比的态度，适当地收回欲望之手，带着善于发现的眼睛和柔软的内心去打量周围的世界和人，懂得宽容与满足，感恩与珍惜，我们才会发现幸福就在身边，幸福就在自己的生活里。

请不要忘记，你有一种幸福很常见但不廉价，很微小但却值得铭记与珍惜。

# 后记

## 你将得到比你想要的更多

去年12月的一个周末，我打了一个电话，二手洗衣机店说过两天送一个全自动的洗衣机过来，我感到很满足。环顾整个小屋，三年以来，这里曾住六个女孩，有两个离开上海回家乡了，有两个搬走准备结婚了，原先这个40平方米不到的空间里住着四个人，后来住着两个人，现在只住着我一个人。空调修过2次，自己动手清洗了3次，下水管找师傅修了3次，浴室的花洒换了3个，家里的灯泡换过多少个自己记不清楚了，只记得自己换过一次搞得家里断电，楼下邻居因为衣服晾晒滴水的事情，上来骂过我们至少3次，每一次我都赔礼道歉，连续5个冬天用冷水手洗衣服床单以及厚重的大衣，现在终于要结束了，我感到前所未有的满足，拉开夏天换上的厚窗帘，阳光照耀着桌子上的雏菊……我有一丝感动，被自己感动了，我仿佛看到自己一路走来的努力、坚韧和乐观。

一个从农村走到城镇，再从城镇走到城市的姑娘大多都和我有一样的经历。你要很努力，甚至比别人要努力很多倍，才能拥有和别人一样的生活。你必须完全依靠自己，不要指望任何人，因为一旦你开始指望他人了，你就将等待失望，没有人比自己更值得依靠。

小时候，酷暑的天气，坐在河边的石头上刷洗装稻谷的袋子，全是化肥、复合肥之类的编织袋，弯着腰洗了很久，站起来的时候感觉腰都要断了。把洗好的编织袋放在晒谷场上晾晒，等晾晒好去收的时候才发现自己穿着短裤的大腿被太阳晒伤，红肿一片，用手一搓，一层皮就掉下来了。

在农村，家里如果有养猪，夏天的时候，姑娘要挑着簸箕，去水田里捞一种叫水葫莲的猪草，它有绿色的叶片和长长的根须，剁碎的时候还会让接触到的人的皮肤非常痒。如果水田的水不多，不能清洗干净根须的淤泥，还要挑到河边清洗干净，再挑回家，我都不记得自己十几岁时候的黄昏挑过多少水葫莲，但我记得我很害怕踩在烂泥地里，因为我总担心有泥蛇钻进我的脚趾间。我总是一边用心用脚留意感受着泥蛇，一边在水田里捞水葫莲，有的时候我忽然蹦到田埂上，因为踩到一团滑滑的烂泥，以为是泥蛇，自己把自己吓个半死。

除了挑水葫莲，还要挑柴。农村需要烧木材做饭烧热水，所以，假期的时候孩子们要跟着父母上山砍柴。有一回，一路上我一会拖，一会扛，一会抱，把一根湿的木头弄到家，晚上睡觉的时候连翻个身都疼，我对自己说，我再也不要吃这样的苦了。

高中暑假在广州牛仔城的街头摆夜市，下午4点钟，广州的混凝土路面上热气依然灼热，我们就推着车子来到街上，把摊子支起，一条一条的牛仔裤摆好以后就要接待汹涌的夜市人潮，一直到午夜12点，人流稀少，我们才开始收摊，然后数一数今天卖了多少条裤子，赚了多少钱，我总是业绩不错。在和嫂子的销售比赛中赢过她，结束以后我们会快乐地去吃夜宵或者糖水，然后洗个澡，深夜两点，躺在店铺又矮又闷的阁楼里沉沉地睡去。一个月结束以后，我哥哥准备给我 500 块钱回家，但是他不相信我，担心我会弄丢，非要等我上车才肯给我，可是当我上车的时候他忘记给我了。我只好向一起摆夜市的老大爷借了回家的路费，沮丧地坐在回家的汽车上。

如果不是今天写这篇文，回忆过去，我都不记得自己吃过的这些苦，很多自己以为过不去的苦难都在不经意间跑进匆匆的时光中，成为了浮云。当然，我知道我吃过的这些苦对很多人来说都不算什么，但是我不想和别人比较，我只想和自己比较，在这个比较中，我看到了自己的成长和改变。

大学的时候打工，在超市门口促销牛奶，第一天上班就遇到借剪刀的问题，因为买一箱牛奶要送一包牛奶，那一包牛奶需要用胶带捆绑固定在箱子上。我向超市收银的阿姨借剪刀用来剪胶带，她一脸嫌弃我是外地人的样子，没好气地对我说："不借，我们自己也要用的。"那一天，我们卖出去 24 箱牛奶，第二天我们去借剪刀的时候，那个阿姨还附送我们抹布，因为免费品尝的时候倒出来的牛奶会把促销台弄脏。还帮我们把牛奶箱从超市里面搬到门口来。

后来，那个阿姨和我聊起他的儿子。高考分数还比我少一分的人，上了同济大学，而我只上了一个专科。促销活动结束的时候那个阿姨用既惋惜又遗憾还带着玩笑的语气对我说过一句话："你真是一个好姑娘，好想你当我们家的媳妇，但是我们家是要娶本科生的。"我当时什么都没说，只是微微一笑。后来我在大专毕业的时候拿到国家励志奖学金；一节课没上，自己买书看书，自考拿到了上海师范大学的本科学位证书。我知道这个社会就是这样势利与不公平，不公平在哪个地方都存在，世界本就是不公平的，但是你依然能够凭借自己的努力，去改变一些东西，让自己变得完善一点，在努力自我完善的过程中你将得到比你想要的更多。说实话，我非常感谢这段人生经历，如果没有这近三年的自考，我根本没有现在的自学能力。

大学时我打过各种工，除了促销牛奶还在咖啡馆当服务生，从早上 9 点到晚上 9 点。有一次，下班差不多 10 点了，我站在回来的公交车上，那是个夏天，我穿着紧身牛仔裤，然后屁股就被后面一个猥琐大叔抓了两把。我向身后看了两眼，有两个阿姨向我使眼色，暗示是那个黄毛大叔干的。我假装利用汽车惯性，向后踩了那个猥琐大叔一脚，但是根本不解气。最后，我趁着那个猥琐大叔下车的机会使劲地踢了他的大腿一脚，公交车载着我离开了，看着他一瘸一拐地走在人行道上，我心里既痛快又紧张。后来，一下公交车，我忍不住放声大笑，我觉得打击坏人真是一件大快人心的事情，然后一抬头我就看到天上一轮金黄的满月，就这么静静地挂在天上，我又忍不住放声大哭出来，觉得心里好委屈好难过，最后我就一路哭着回宿舍了。现在回忆起来，真是笑死人了。我常常把这件事情告诉身边的女朋友，告诉她们面对性骚扰要大声说“不”。

我非常爱钱，有的时候甚至嗜钱如命，我觉得没钱的日子真是可怕，你会因此挨饿受冻没有尊严地生活，我一直想过有钱人的生活。过去的几年，在夜里，我常常做梦，梦见丢了钱包，醒来赶紧找钱包，看到钱包依然还在，我会舒一口气，安心睡去。

父亲在我很小的时候就对我说过一句话：“你什么东西都能看

不起，就是不能看不起钱。”

那是小学一年级的端午节夜晚，因为我的农历生日是在端午节的前一天，所以生日就不过了，等到第二天跟端午节一起过，在乡下都是这样的，如果谁的生日靠近节日，那就等到过节的时候过生日，因为省事，因为省钱。那天晚上我要喝果啤，一种有水果香气有甜味的饮料，父亲给我钱去买了一瓶，找回5毛零钱，我把它紧紧攥在手上，我想存起来，我从小就有存钱的习惯，也许那时候我想存到过年买本书，因为我从未买过一本课外书。吃完晚饭，我父亲让我交出从小卖部找回的5毛钱，我死活不肯，他大声地训斥我，我小孩子的叛逆与倔强脾气上来，把钱揉皱一把丢在坪上的柴火堆中间，这时候天已经黑了，还开始下起夏天的暴雨。我父亲当时非常生气，他把我拖到外面，把家里的大门关上，让我找到那5毛钱，找不到就不许进家门。

我摸黑在柴火堆里找那该死的5毛钱，天边一道道闪电，雷声一阵又一阵，我害怕地哭了，但是我没有停止寻找，因为如果找不到就意味着我一夜都会在外面淋雨。最后我找到了那5毛钱，浑身湿透，又冷又累，一边哭着一边拍打着家里的大门，我母亲放我进去，一边用干毛巾帮我擦头发，一边安慰我，我父亲则在一旁对我说了那句话：“你什么东西都能看不起，就是不能看不起钱。”

那时候我的父亲为了多赚一点钱供两个孩子上学和一家人生活，他和村里的男人一起在山上扛木头，每一根木头都好几百斤重，好几个人扛着一根木头走在狭窄崎岖的山路上，就这样一步一步把它们运下山。只要脚下一滑，人就会被木头压死，这是十分艰苦和危险的活儿。从这个时候，我知道，虽然我们贫穷，但是我们的每一分钱都是用自己的血汗挣出来的，它值得每一个人尊重。钱，从来都是重要的，但依靠自己的努力获得的钱更加重要。

我的父母不仅教会我看重钱，尊重钱，也同时教会我看重感情，尊重人。村里谁家遇到困难需要钱的，家里会借钱出去，需要出力的事情他们也总是毫不迟疑地去帮忙。有的时候村里来了乞丐，我妈妈还会给人家送米送钱。外地来村里打工的人，我爸妈从来也不会看不起他们，甚至经常请他们到家里来吃饭。父母辈们吃过比我多得多的苦，他们对比他们更贫困更艰难的人们从不嘲笑而是怀有一种悲天悯人的同情心。

我身上有一种只要去做一件事，一定认真努力尽力去做到最好的干劲，可以说这是一种习惯。上学的时候我就想考试得第一名，工作的时候我希望自己是做得最好的那一个人，就算是拖地板，我也要它光可鉴人，是最干净的地板，你说这是一种变态的要强也好，或者是一种完美主义情结也好，我只想说优秀是一种习惯，它促使你去创造，去更积极努力地生活。

那年 8 月底我想多赚点钱，我要为去西藏存钱，于是周末干起了幼儿教师的兼职，在一个幼教中心当上门的幼儿数学老师。面试完，中心的老师给我定的薪水是一节课 35 分钟 40 块，是所有兼职的老师中最高的，他们只有 35 块。但是只要认真算下，依然很少，来回要两个小时，还有车钱，一个小时只有差不多 10 块钱，有的时候还要赶场去上课，这家上完匆匆赶去下一家，连喝水吃饭去卫生间的时间都没有。

有一回，很冷的冬天，我在浦东高行上完课在公交车站等车，赶去浦西虹口上另一个孩子的课，可是我站在冷风中等了半个小时都等不到那辆公交车，我全身冻得僵硬，男孩的母亲又打电话过来，我感到非常的绝望。

还有一次，我上完自己的课，中心的老师临时让我去代另一个老师的课，地方非常远，下课以后我累得要命，回家的路上还下起了大雨，幼教中心的老师给我打来电话，一接电话我就哭了。

有时，我去外地出差，半夜 3 点才回到家，一早醒来就赶去学生家里上课。还有的时候，我连续加班一周，周末仍然打了鸡血一样去上课。当时我室友还问我，你怎么这么累还这么快乐呢？每一天都跟打鸡血一样。我说，我在为了去西藏努力。

也许因为我课上得还不错，很多只签订 12 个课时合同的家长又跟幼教中心续签了 36 个课时，以致到第二年 6 月初我要辞职的时候幼教中心的老师苦苦挽留我，在辞职 2 个月以后，还有家长打电话给我，说孩子想让我继续上课。上个星期，幼教中心的老师还打电话来，希望我再去上课。

那年 8 月，加上工资和幼教中心兼职的钱，以及平时接私活的钱，我已经有了 2 万存款，比我原来想要的 1 万多了一倍，于是我就踏上了去西藏的火车。只要你努力，你一定会得到比你想要的更多，如果你还没有得到你想要的，那是因为你还不够努力，需要再加一把劲。

那些在农村艰苦生活的日子都过去了，那些没完没了加班，一天只睡三四个小时的日子也过去了，那些焦虑地赶去给孩子们上课的日子也过去了。我以前的内心经常感到紧张，感觉自己的日子也过得很紧张，整个人从内到外都是慌里慌张的样子。最近这半年我不再做丢钱包的噩梦了，我感受到自己内心不慌不忙、不害怕、不畏惧。

记得那年10月底的一天我忘记带钥匙出门，也没带手机，一个人一点也不害怕回不了家，我在附近的社区图书馆看了大半天的书，然后慢悠悠地回家，此时，室友已经到家了。后来的某一天，我在洗手间丢了新买的手机，我找大楼的保安人员，看监控录像，尽自己所能去找，最后还是没有找到，我心里也不难过，甚至可以说有些淡然。周围的朋友觉得很惊讶，好像丢手机的人不是我。这些都是我的转变，如果换做以前的我，遇到这两件事不知道会紧张成什么样子。我想这就是成长的力量。

我现在不害怕失去什么，有的人说那是你一无所有，确实，我现在还是一无所有，但是我知道我拥有其他更重要的东西，很多重要的东西不是用眼睛能看到的，而是要用你的心。你拥有得越多，你就越害怕失去。如果真是这样，那你拥有的只是外在的物质而不是内心的力量。我现在觉得如果换一个地方生活，我依然会生活得很好。因为我懂创造，因为我会改变，我会努力，我相信自己。

两年前我在豆瓣网个人主页的介绍栏里写下自己的欲望人生，其中有一点是："写一本书，然后出版。"原以为这个梦想要到20年后我才能实现，可是如今马上就要实现了，我感觉幸福又激动。其实，写这本书我也没有非常努力，我只是每天写一点，于是就有了这本书。这也说明了那个我一直强调的观点：一件事，哪怕是多么的微不足道，如果你每天都坚持去做，只要时间一长，它自能变得与众不同，富有意义。我也再一次觉得只要你每一天朝着自己的目标前进，你将得到比你想要的更多，这努力的过程就是一种得到。我也不知道成功是什么，我只知道生命是体验的集合，过程一直都比结果更重要，奋斗是一条永无止境的道路。只要你的今天比昨天更好，那你就已经获得了成功。不知道在哪一本书上看到过这样一句话：“Life is full of minor irritations and trials and injustices（生活充满了小小的烦恼、磨难和不公正的事情）。”尽管如此，请你相信生命中还存在奋斗、创造、改变、坚强、努力、积极、善良、乐观这样更美好的东西。

最后感谢我的父母，感谢这本书的编辑，感谢每一位关注我的朋友们。因为你们关注的目光，我才能走出这么远的一段路，可以说我的梦想是因为有你们的关注才得以实现的，非常感谢！我知道尽管前路依然荆棘满布，路途遥远，但我想我们一起走，便会更有勇气，不再那么害怕。